## DU FU
# 杜甫的故事

王艳娥 ◎ 主编

## 榜样的力量

榜样的力量是无穷的，好的榜样能给我们积极的思想、正确的行为、良好的习惯、完善的人格。树立了榜样就等于找到了自己前行的方向。

榜样是无比强人的力量源泉。

北方妇女儿童出版社

**图书在版编目（ＣＩＰ）数据**

杜甫的故事 / 王艳娥编著. -- 长春：北方妇
女儿童出版社，2010.3（2021.1重印）
（榜样的力量）
ISBN 978-7-5385-4458-9

Ⅰ.①杜… Ⅱ.①王… Ⅲ.①杜甫
（712～770）—传记—少年读物 Ⅳ.①K825.6-49

中国版本图书馆CIP数据核字(2010)第045591号

# 杜甫的故事

DUFU DE GUSHI

出 版 人：刘 刚

责任编辑：张 力 刘聪聪 于 潇

开　　本：650mm×960mm　1/16

印　　张：12

字　　数：128千字

版　　次：2010年3月第1版

印　　次：2021年1月第6次印刷

印　　刷：三河市三佳印刷装订有限公司

出　　版：北方妇女儿童出版社

发　　行：北方妇女儿童出版社

地　　址：长春市福祉大路5788号

电　　话：总编办：0431-81629600

定　　价：33.80元

# 序言

"江山代有才人出"，在人类历史的长河中，涌现出一大批影响世界的风云人物。他们或者是杰出的政治家，凭着超乎常人的坚强毅力为国家和民族的前途引路；或者是卓越的科学家，为探索自然奥秘、改善人类生活而不懈努力……总之，他们由于在某一方面做出了杰出的贡献，已成为历史长河中的航标，引领着人类走向更加深邃的精神世界和更加精彩的物质世界。

这套丛书不仅告诉你名人成功的事实，更重要的是展示他们奋斗的历程，展现他们在失败和挫折中所表现出的杰出品质，从中我们可以吸取一些有益的精神元素。

这套丛书具有以下几个特点：

一是人物全面。本套丛书精心选取了从古至今全世界40位具有代表性的政治家、科学家、文学家、艺术家……这些人物均在各自的领域做出了卓越的贡献，对人类历史产生了重大影响，因此被广为传颂。

二是角度新颖。本套丛书不是简单地堆砌名人的材料，而是选取他们富有代表性或趣味性的故事，以点带面，从而折射出他们波澜壮阔、充满传奇的人生和多姿多彩、各具特点的个性。

三是篇幅适当。每篇传记约10万字，保证轻松阅读。本套丛书线索清晰、语言简洁、可读性强，用作学生的课外读物十分理想，不会加重他们的负担。

四是一书多用。本丛书是一部精彩的名人故事集锦，能够极大地开阔青少年的视野，同时还可以作为中小学生的写作素材库。

培根说："用名人的事例激励孩子，胜过一切教育。"榜样的力量是无穷的，而名人是最好的榜样，向名人看齐，你将离成功更近！

# 人 物 导 读

　　杜甫是我国古典诗歌的集大成者，他创作的诗歌达到了现实主义诗歌的顶峰。杜甫是我国历史上屈指可数的几个伟大诗人之一，由于他对祖国、对人民的热爱，写出了许多反映与批判现实的不朽诗篇。

　　杜甫生活在唐王朝由盛转衰、祸乱迭起的时代，他的一生是悲惨的，他经历了无数的艰难与痛苦，理想和抱负无法实现，政治挫折、逃亡、贫穷、饥饿、疾病、儿女夭折、兄弟离散，所有这些都使杜甫的身体和精神长期受到煎熬与折磨。正是这一生遭受的灾患和痛苦，成就了杜甫。他把所有的痛苦和思考，在心中进行体验、咀嚼、思考、提炼，变成了一篇篇动人的诗篇。

　　这本传记，讲述了伟大诗人杜甫的一生历程。他出生在一个没落的封建官僚家庭，一生经历了很大的转折，他从炫耀自己的家族转到关心国家命运，从抒写个人的情感转到关心人民的疾苦，是艰苦的生活使他变得伟大，是多难的命运升华了他的才华。解读他的一生，我们深深感到，命运是公平的，凡是看似惩罚与考验的东西，对智者来说都是帮助；凡是让人下跪屈服的东西，才真正令诗人振作。

　　当我们面对困难、遭遇挫折的时候，不要抱怨，不要灰心，一定要振作精神，接受生活的考验。从杜甫的经历我们知道：苦难的生活一定会给人丰厚的馈赠！

# CONTENTS 目录

# CONTENTS

# 第一章

## 童年与家事

◆ 家世与出身
◆ 早慧的诗人

# ✳ 家世与出身 ✳

公元712年（唐玄宗先天元年）正月的一天，一声嘹亮的啼哭打破了河南巩县瑶湾村的宁静，一个孩童呱呱坠地。这个孩童，就是被后世尊称为"诗圣"的伟大诗人——杜甫。

也就是这一声啼哭，打破了中国古代诗坛的沉寂。他像一颗亮丽的新星，徐徐升起在中国诗坛的天空。他生在冰雪洁净的季节里，但他的一生却没有像冰雪一样简单纯净，他的一生充满了坎坷和辛酸。

杜甫出身于一个有悠久历史的封建官僚家庭，这样的家庭有许多田产但不必纳租税，有丁男也不必服兵役，享有许多封建特权。

杜甫是晋代名将杜预的第二十代世孙，杜预本来是京兆杜陵（今西安市东南）人，杜甫后来也曾在杜陵附近居住，所以常自称"杜陵野老""杜陵野客""杜陵布衣"。到了杜甫的曾祖父杜依艺这一代，因为来巩县做县令，所以举家迁到了此地。

杜甫的祖父杜审言，做过膳部员外郎；他的父亲杜闲曾任兖州（今山东）司马，奉天（陕西乾县）县令。

到了杜甫降生后，他家庭的声势虽已不如往日荣耀，但家境仍很富裕。每逢过节聚会，仍然被乡党赞美，一旦有婚丧，远近的亲友都走来观礼。

在当时，家族观念支配人们的一切行动，如果有人为了家人的不幸或屈死，能不惜任何代价来报仇雪恨，便被当时的人称颂为崇高的德行。杜甫的祖上就有很多这样的人，像杜甫的叔父、杜审言的次子杜并就是这样的人。

唐朝武则天执政时，杜审言被贬为吉州（今江西吉安）司户参军，与同僚不和，司马周季重受了司户郭若讷的蛊惑，诬陷杜审言，把他关在了牢狱里。

杜并年仅16岁，看见父亲遭受这样的冤屈，他饭菜都吃不下去，形容憔悴，却尽量压抑着内心的愤恨，伺机报仇。

一天，周季重在府中宴会，杜并乘人不备，用短刃猛刺季重，季重受了重伤，杜并也当场被官兵砍死。季重受伤不治，临死时，忏悔着说：“我不知道杜审言竟有这样的孝子，是贼子郭若讷挑拨事非，把我害到这种地步啊！”

杜审言因此得救，回到了洛阳。洛阳的亲友听了这个故事，都深受感动，说杜并是孝童，有人给他做墓志，有人作了祭文。后来杜甫也以他是孝童的侄子为荣。

至于杜甫母亲那边的祖上，也有一段曲折的故事。

唐太宗李世民的第十子李慎被封为纪王，任襄州刺史，是一个较为开明的贵族，与越王李贞齐名，当时人们把这两个兄弟合称“纪越”。

武后执政时，统治阶级内部发生了极大的摩擦和矛盾。高祖李渊和太宗的子孙都遭到武后的杀戮。

越王李贞便起兵讨伐武后，但是失败了，李慎也被牵连下狱，改姓虺（huī）氏，配流岭外，走在中途便死去了。

李慎的次子义阳王李琮也被拘入河南狱。他的一个女儿天天穿着草鞋布衣，面容憔悴，徒步出入狱中，送衣送饭，在洛阳的街上往来，使许多人受到感动，人们说她是“勤孝"。后来李琮和两个弟弟配流桂林，都被酷吏杀害。

李琮的儿子行远、行芳也配流甾（zāi）州（今四川西昌），用刑时，行远已经成人，应该被杀，行芳还在童年，本应得免一死，但是行芳抱着行远啼哭不放，请求替他哥哥去死，最后两个人同归于尽。西南一带的人伤悼行芳，说他是"死悌（tì）"。"勤孝"，"死悌"，这些悲惨的故事，都荟萃在李琮的子女身上。他的女儿就是杜甫的外祖母，行远、行芳是杜甫母亲的舅父。

◎勤孝：孝，指对父母尽心奉养并顺从，如孝敬。古人认为"百善孝为先"。子女在家要敬老爱幼，女儿出嫁后要尊敬公婆。

◎死悌：悌，敬爱哥哥，古人以"长"为尊，后来引申为顺从长上。死悌，指兄弟情谊深厚，愿求同死。

杜闲可以说是老年得子，杜甫出生的时候他已经步入中年了。杜甫的母亲在杜甫降生后的几年内便死去了，杜甫的弟弟妹妹，跟他都是同父异母，都是他的继母卢氏生的。

出生在这样一个复杂家庭里的杜甫还算幸运，在他幼年时，曾经有很长一段时间被寄养在洛阳建春门内仁凤里二姑母的家里。他的姑母是一个事事都舍己为人、不懂得为自己考虑的贤惠女子。

在那时，流行病非常严重，人们也没有什么好办法治疗，所以每一次流行病爆发都会有大批的人死去。

有一次，幼小的杜甫也被传染上了流行病，这个时候他正被寄养在姑母家，姑母的儿子也被传染了，姑母心急如

焚，她每天亲自出门去打听治疗的偏方，不辞劳苦地去远远的山里寻找草药，希望能治好这两个可怜的孩子。最后她终于打听到了一种草药可以治疗这种传染病，她花了三天三夜的时间满山里转，寻找这种草药。"功夫不负有心人"，第三天的时候她终于找到了一棵，只有一棵，再找吧，两个孩子在家不知还能支撑多久，不找吧，这只够一个孩子吃的呀！

这时候，她的耳边仿佛听见了孩子的呻吟："妈妈，我不想死，我不想死！……"回家，这个朴实的女子下定了决心，转身朝家中奔去。

端着煎好的药，姑母迟疑了半天，她的眼中含满了泪水——上天只给她一次选择的机会，喝了药的孩子，很快就会起死回生，不喝药的，也等不及她再找药回来。

给谁呢？她的心中矛盾极了，虽然她一直为人无私，可现在面对的毕竟是自己亲骨肉的一条命啊。最后她眼睛一闭，把药喂给了小杜甫。

几天后，昏睡了十几天的小杜甫醒来了，但他再也没有看到陪自己日夜玩耍的小表兄——他因为没有等到母亲再次找来草药，永远地去了。

此事是杜甫稍大以后从仆人口中听到的，对他的触动很深。公元742年（天宝元年），姑母逝世，他以无限悲痛和崇敬的心情撰写墓志，称其为"有唐义姑"，"义姑"，是春秋时鲁君对一妇人的赞称。据《列女传》载，齐军来攻鲁国，逼近郊外，见一妇人抱子携侄而行。妇人见形势危急，子侄不能两全，便舍弃儿子，抱起侄子逃难。齐军问其故，答曰："弃子而行义。"齐军感慨道："鲁郊妇人犹能持节，何况朝廷！"遂罢兵。此事与杜甫二姑所为十分相像，故以"义姑"称之。杜甫后来的同情弱小，怜悯民瘼（mò 疾难、疾苦）的思想形成，与姑母的身教有一定的关系。

## ✵ 早慧的诗人 ✵

杜甫虽然自小体弱多病，但他生长在一个健康的时代。这时中国统一已将近一百年，农村经济繁荣，交通发达，商业和手工业，甚至简单的机械，都有相当的发展。

人民在这时自然也健壮起来，无论在体质上还是精神上，都具有坚定的自信心去承受、去采用许多外来的新鲜事物，而不感到任何危险。

◎西域：狭义上是指玉门关、阳关以西，葱岭以东，即今巴尔喀什湖东、南及新疆广大地区。而广义的西域则是指凡是通过狭义的西域所能到达的地区，包括亚洲中、西部，印度半岛的地区。

自然，西域诸国的音乐和舞蹈也沿着交通大道河水似的流入中国，这些生力充沛的节奏便在汉人的生命里注入了新的血液，增添了新的营养。浑脱舞就是在那时进入中原并在大小城市非常流行的一种舞蹈。浑脱舞不但风行一时，而且变化很多，它常常和其他的舞曲融合，演变出新的舞曲。开元初年，精于剑器浑脱的教坊舞女中，首推公孙大娘。"剑器"是一种戎装舞蹈，动作刚劲，节奏铿锵。

"好！"声声喝彩，人山人海的看客围着一个女子，她在跳舞。看客中有一个六龄童子，许是骑在爸爸肩上，歪着小脖子，看那舞女的手脚和丈长的彩帛渐渐摇起花来了，看着，看着，他也不觉眉飞目舞，仿佛很能领略其中的妙处。他是从巩县特地赶到郾城来看跳舞的。在一个6岁儿童的眼中，四围的观众好像雄厚的山围绕着一片空场，一个戎装的女子在空场上出现了，四围充满寂静，充满紧张，等到她一起舞把这紧张的局面冲破时，人们好像失去固有的一切，被牵入一个激动的、战斗的、变化莫测的世界里了。

日落、龙翔、雷霆的震怒、江海的清光，是舞者从舞蹈里创造出来的世界，但她又被这自己创造出来的世界笼罩着，分明是舞者主宰着这个气氛，又好像是这气

▲公孙大娘舞剑图

氛支配着舞者。在这样的景况中，四围的人谁还有能力把握住自己，把握住舞者在瞬间万变中的一个舞姿、一个舞态呢？

舞女便是那时名满天下的公孙大娘。6岁的看客便是后来中国有史以来的第一个现实主义大诗人——四千年文化中最庄严、最瑰丽、最永久的一道光彩的杜甫。这在他的生活里也许是最早一次难于忘却的富有意义的经历，50年后，耳聋多病的他在夔州回想起这童年的印象，还历历如在目前。杜甫晚年回忆当时公孙大娘的舞姿，说她忽而自空而落，光彩夺目，如同后羿射落的九个太阳；忽而拔地而起，凌空飞腾，如同天帝驾着蛟龙飞翔；她上场时神情端庄，如同雷霆初止，天地一片肃穆；她收舞时英姿卓立，如同江海停止翻腾，凝聚着清冷的光辉。这说明，幼年的杜甫就已对艺术有了较强的感受力和丰富的想象力。

他在诗中说：

> 昔有佳人公孙氏，
>
> 一舞剑器动四方。

观者如山色沮丧，

天地为之久低昂。

霍如羿射九日落，

矫如群帝骖龙翔。

来如雷霆收震怒，

罢如江海凝清光。

舞蹈，书法，绘画，音乐，诗歌，是彼此相通的。据说，当时草书家张旭观看了公孙大娘的舞蹈之后，书法大有长进。事实说明，这种激昂顿挫的舞姿，对此后杜甫的诗歌创作风格的形成也起了一定作用。

这次经历对于6岁的杜甫确实是一个新的启发。他儿时多病，只惯于姑母的慈爱，只惯于一个礼教家庭的生活，如今他看见一个女子的身躯创造出这样一个神奇的世界，他的视野展开了，他呼吸到外界新鲜而健康的空气。

那时因为生活安定，到处流传着所谓祥瑞出现的消息，各地的官吏都爱捏造些某处有瑞草产生、某处有凤凰飞降的新闻报告给朝廷，以讨得君王的欢心。

杜甫也常常听到这类的传述，如今他由于公孙大娘的舞姿，不难在他儿童的幻想里看见凤凰的飞翔，所以他在第二年7岁开始学诗时，就做了一首歌咏凤凰的诗。

7岁作诗，可以算是早慧，但早慧并不算稀奇；早慧的诗人尤其多，初唐诗人骆宾王也是7岁时开始作诗，那首《咏鹅》诗确实写得不错。但很少有诗人开笔开得像小杜甫那样有重大的意义。

杜甫第一次开口歌颂的，不是什么凡物，而是人间未有的《奇鸟凤凰》诗，已失传。也可以说，这首诗咏的便是他自己。

他在以后的《壮游》诗中谈到：

七龄思即壮，开口咏凤凰，

九龄书大字，有作成一囊。

凤凰是禽中之王，杜甫是诗中之圣，咏凤凰简直是诗人自占的预言。从此以后，他便常常以凤凰自比。

还有说法说在古人心目中，凤凰是祥瑞之鸟，它象征着王朝的兴盛。杜甫开口便咏凤，这说明在他幼小的心灵里，已萌生出对国家富强的期盼。这似乎是一个预兆，因为杜甫终生都是心系国家、心系民族的，他对国家、民族的那份苦恋，真可感天地而泣鬼神。中国有句老俗语说："三岁看大，七岁看老。"以杜甫观之，此言不差。

到了9岁时，杜甫就惯于书写大字，临摹当时著名书法家虞世南的书法，可见在童年时已经有了一定的艺术修养。杜甫的祖父杜审言和父亲杜闲都擅长书法。杜审言曾自夸其书法"当得王羲之北面"，虽属虚张，但看来也确有相当的水平。宋人蔡居厚家藏杜闲所书《豆卢府君德政碑》，称其书法"简远精劲"（见《苕溪渔隐丛话》）。杜甫在家庭翰墨的熏陶下，书法日有长进，步入壮年后终于形成"瘦硬"的风格，明朝人胡俨曾见过杜甫书写的《赠卫八处士》（此诗为杜甫47岁作），称其"字甚怪伟"。杜甫晚年所作《李潮八分小篆歌》中表述了"书贵瘦硬方通神"的主张，"瘦硬"是杜甫的艺术审美观，无论对书法、对绘画、对诗歌艺术都持有这种观点。

在这种情形下，我们已经难以想象杜甫是一个病弱的儿童，我们只觉得他的精神和他的身体随着他所处的时代健康起来了。他不断地作诗、写字、学习。

杜甫生在巩县，巩县距洛阳不过140里，当时的洛阳也正发展到极盛的阶段。

杜甫深受洛阳文化的熏陶，在攀树摘枣的孩童时期，已经因为他的诗文在洛阳显头露角了。

在724年（开元十二年）11月，这年杜甫才13岁，玄宗率领着百官贵戚又到了洛阳，因为封禅泰山，洛阳又成为政治的中心达三年之久。杜甫在这时被当地的前辈援引，时常出入于精通音律的岐王李隆范与玄宗宠臣崔涤（dí）的邸宅，他在他们那里得到机会，一再听到举世闻名的李龟年的歌声。

李龟年是我国唐代著名的乐曲兼演唱家，唐玄宗时的乐工。当时李龟年、李彭年、李鹤年兄弟三人都有文艺天赋，李彭年善舞，李龟年、李鹤年则善歌，李龟年还擅吹筚篥，擅奏羯鼓，也长于作曲等。他们创作的《渭川曲》特别受到唐玄宗的赏识。由于他们演艺精湛，王公贵人经常请他们去演唱，每次得到的赏赐都成千上万。他们在东都洛阳建造宅第，其规模甚至超过了公侯府第。

安史之乱后，李龟年流落到江南，每遇良辰美景便演唱几曲，常令听者泫然而泣。

李龟年后来流落到湖南湘潭，在湘中采访使举办的宴会上唱了王维的五言诗《相思》："红豆生南国，春来发几枝？愿君多采撷，此物最相思。"又唱了王维的一首《伊川歌》：“清风明月苦相思，荡子从戎十载余。征人去日殷勤嘱，归燕来时数附书。”表达了希望唐玄宗南幸的心愿。但此时玄宗已是风烛残年。李龟年作为梨园弟子，多年受到唐玄宗的恩宠，与玄宗的感情非常人能及，唱完后他突然昏倒，只有耳朵还有热气，其妻不忍心殡殓他。四天后李龟年又苏醒过来，最终郁郁而死。

后人称李龟年为“歌圣”。

李龟年的歌声也像公孙大娘的舞蹈一样，使杜甫难于忘记，直到他的晚年，在潭州（今长沙）与李龟年偶然相遇，想到当时的情景，还写出了著名的《江南逢李龟年》：

岐王宅里寻常见，崔九堂前几度闻。

正是江南好风景，落花时节又逢君。

▲江南逢李龟年诗意图

# 第二章

# 壮岁交游

# 走出书斋

生在书香门第，即使家境贫寒，祖藏的书籍总还够他览阅的。从七八岁到弱冠期间，我们可以想象杜甫的生活，最主要的，不外乎作诗、作赋、读书、写字……从7岁以后，40年中他作了一千多首诗文，其中很多的作品是那时候作的。

◎弱冠：古时候，男子也要留长发的，等到了20岁，要为他们举行一次"成人礼"——冠礼的仪式，男的把头发盘成发髻，然后戴上帽子，并由贵宾赐"字"。因为20岁时身体还不是完全强壮，所以称为"弱冠"。后来用"弱冠"泛指二十岁左右的男子。

书斋是他的整个世界，在这个世界里，沿着时间的航线，上下三四千年，来往地飞翔，他一路看见的都是圣贤、豪杰、忠臣、孝子、骚人、逸士——都是魁梧奇伟，温馨凄艳的灵魂。久而久之，他也觉得那些庄严灿烂的姓名，和身边的人一般的实在，而且渐渐活现起来了。

于是他看得见古人行动的姿态，听得到古人歌唱的声音，甚至他们还和他揖让周旋，上下议论，他成了他们中间的一员。于是他只觉得自己和寻常的少年不同，他几乎是历史中的人物，他和古人的关系比和今人的关系密切多了。

十四五岁的杜甫，在翰墨场中，已经是一个角色了。一些老前辈都将他比作班固、扬雄。最让人欣喜的是，自小体弱多病的杜甫终于摆脱了病魔的纠缠，恢复健康了，这是多

◎班固：东汉史学家、文学家。9岁就能诵读诗赋。著有《汉书》。

扬雄：西汉学者、辞赋家、语言学家。少时好学，博览多识，擅作辞赋。著有《甘泉赋》《羽猎赋》《法言》《方言》等。

么令人高兴的事啊！那时院子里那几棵枣树，长得比什么树都古怪、都有精神，枝丫都那样剑拔弩张地挺着，仿佛全身都是劲。

一个人如今身体强了，早起在院子里走走，往往也觉得浑身是劲。忽然看见它们那挑衅的样子，恨不得拣一棵抱上去，和它摔一跤，决个雌雄。但是想想那举动又未免太可笑了。

最好是等8月来，枣子熟了，弟妹们只顾要枣子吃。枣子诚然好吃，但是当哥哥的，尤其是筋强力壮的哥哥，最得意的，不是吃枣子，是在那给弟妹们担起不断地供应枣子的任务。用竹篙子打枣子还不算本领，哥哥有本领上树，不信他可以试给他们看看。上树要上到最高的枝丫，又得不让枣刺扎伤了手，脚得站稳了，还不能踩断了树枝；然后躲在绿叶里，一把把地洒下来；金黄色的、朱砂色的、红黄参半的枣子，哗哗啦啦地洒将下来，让孩子们抢都抢不够。

上树的技术练高了，一天可以上十来次，棵棵树都要上到。最有趣的，是在树顶上站直了，往下一望；离天近，离地远，一切都在脚下，呼吸也轻快了，他忍不住大笑一声；那笑里有妙不可言的胜利的庄严和愉快。

健康既已恢复了，年龄也渐渐大了，一个人不能老在家乡守着。他得看看世界，并且漫游是那个时代大多数诗人

都有过的经历。一方面，漫游是年轻的诗人们扩充知识、丰富生活的绝好机会，通过游历名山大川，寻访古迹，交游结友，打猎走马，使身心得到解放，力量得到排释，眼界得到扩展，经验和学识得到充实；另一方面，漫游又往往被诗人们看做是实现政治目的的一种手段。

唐代的青年人一般都有着很高的济世热情，很想走上仕途，为国为民干一番事业。

但要进入仕途，要么得到王公贵卿、达官贵人的推荐，从而直接谋取官位职务；要么通过科举考试获得官职，得到政治权力。

大多数人走的是后一条道路。但即使走科举考试的道路，也要得到朝廷重要人物的推荐，否则无法参加或通过考试，这是唐代的风气。

这样，认识、结交权贵和名流，就成为参加科举考试前的至关重要的一个环节。因而，漫游也往往成了青年文人结交权贵、实现政治目的的一个重要手段。

应该说，杜甫的漫游既有游玩和丰富阅历知识的一面，也有结交重要人物、寻找政治出路的一面。

公元730年（开元十八年），这年杜甫18岁，他略微收拾行囊，便踏上了出游的路途。

他先是北渡黄河，到了郇瑕（xún xiá）（今山西临猗），在那里认识了韦之晋、寇锡等朋友。

这是杜甫漫游的开端，但他此次出游的时间并不长，不到一年的时间，便回到了故乡。

# ❋ 漫游吴越 ❋

　　杜甫从20岁（731年）到29岁（740年）的十年内做过两次长期的漫游，漫游的区域是吴越和齐赵。

　　这个时期，唐朝正处于唐玄宗开元盛世时期，那是唐代最繁荣昌盛的时期，国家强大，社会稳定，物产丰富，粮食充足，文化繁荣。

　　杜甫后来在成都回忆起当时的情景，写了《忆昔》一诗，在诗中，他这样说：

　　忆昔开元全盛日，小邑犹藏万家室。

　　稻米流脂粟米白，公私仓廪俱丰实。

　　九州道路无豺虎，远行不劳吉日出。

　　齐纨鲁缟车班班，男耕女桑不相失。

　　从这几句诗里我们可以看出，当时由于劳动人民辛苦的工作，米粟充实了仓廪，商贾在路上络绎不绝。交通以长安为中心，四通八达，大道上驿站旁的店肆里都备有丰富的酒馔（zhuàn）和供客乘用的驿驴，行人远行数千里，身边用不着带粮食，也用不着带兵器。水路有沟通黄河与淮水、淮水与长江的运河。从江南乘船可以直达洛阳，成为运粮的要道，这也是唐代统治者经济上最重要的命脉。杜甫第一次的漫游就沿着这条水路，经过淮阴、扬州，渡过长江，到了江南。

　　杜甫把江南作为此行的目的地，有两个原因：首先也是最重要的是，江南是六朝故地，六朝时期的谢灵运、陶渊明、鲍照、谢朓（tiǎo）、阴铿、何逊、庾信等诗人的生活和创作活动都主要在江南一带，这些诗人的作品对杜甫早期的诗歌创作曾产生过很大影响，他们作品中写到的江南旖旎秀美的山水和各种动人的故事，对杜甫有着极大的吸引力。

◎陶渊明（约365—427年），字元亮，号五柳先生，谥号靖节先生，入刘宋后改名潜。东晋末期南朝宋初期诗人、文学家、辞赋家、散文家。曾做过几年小官，后辞官回家，从此隐居，田园生活是陶渊明诗的主要题材，因此后来文学史上称"田园诗人"。东晋浔阳柴桑（今江西省九江市）人。相关作品有《饮酒》《归园田居》《桃花源记》《五柳先生传》《归去来兮辞》《桃花源诗》等。长于诗文辞赋，诗多描绘自然景色及其在农村生活的情景，其中的优秀作品寄寓着对官场与世俗社会的厌倦，表露出洁身自好，不愿屈身逢迎的志趣，但也有宣扬"人生无常"，"乐安天命"等消极思想。其艺术特色，兼有平淡于爽朗之胜，语言质朴自然，而又极为精炼，具有独特风格。

其次，杜甫去江南还有人事上的因缘。他的叔父杜登，是武康（今浙江德清）县的县尉，还有一个姑丈，名贺为，任常熟县尉。

杜甫从洛阳出发，走水路，沿着运河，经过淮阴、扬州，渡过长江，到了苏州、绍兴等地。

他置身于那里秀丽的山水中，心中好兴奋啊！他在姑苏拜访了吴王阖闾的陵墓，游览了虎丘山的剑池；走到长洲苑，正赶上荷花盛开；走出阊（chāng）门，拜谒太伯庙，

庙影照映在一片宁静的池塘里。

吴太伯是周文王的哥哥，他为了把王位让给弟弟，主动离开，跑到遥远的南方去。杜甫想起吴太伯的谦让，无限感慨。他也起过这样的念头，想登上浮海的航船，去看一看人间传述的海外"扶桑"（指日本）到底是什么景象，因为顺着扬子江可以驶入通往日本的海道。

但他并没有去大海，只是渡过钱塘江，登西陵（今萧山县西）古驿台，在会稽体会了勾践的仇恨，寻访了秦始皇的行踪。五月里澄清的鉴湖凉爽如秋，湖畔的女孩子洁白如花，他乘船一直到了曹娥江的上游剡（shàn）溪，停泊在天姥山下。

吴越的古迹轶闻实在太多，卧薪尝胆、枕戈待旦的越王勾践，南渡浙江、游历会稽（今绍兴）的秦始皇，把匕首藏在鱼腹中、刺杀吴王僚的侠士专诸，穿着旧装、腰间挂印、卧薪尝胆：公元前496年，吴王阖闾派兵攻打越国，但被越国击败，阖闾也伤重身亡。阖闾让伍子胥选后继之人，伍子胥独爱夫差，便选其为王。此后，勾践闻吴国要建一水军，不顾范蠡等人的反对，出兵要灭此水军，结果被夫差奇兵包围，大败，大将军也战死沙场。夫差要捉拿勾践，范蠡出策，假装投降，留得青山在不愁没柴烧。夫差也不听老臣伍子胥的劝告，留下了勾践等人，三年，饱受侮辱，终被放回越国，勾践暗中训练精兵，每日晚上睡觉不用褥，只铺些柴草（古时叫薪），又在屋里挂了一只苦胆，他不时会尝尝苦胆的味道，为的就是不忘过去的耻辱。勾践为鼓励民众就和王后与人民一起参与劳动，在越人同心协力之下把越国强大起来。一次，夫差带领全国大部分兵力去赴会，要求勾践也带兵助威，勾践见时机已到，假装赴会，领三千精兵，拿下吴国主城，杀了吴国太子，又擒了夫差。

当众羞辱前妻的朱买臣等流传已久的名人事迹，在这些地方都能寻到他们的踪影。那容颜秀美、肤色白皙的江南女子，炎热的夏天却凉爽宜人的鉴湖水，秀丽别致、风光独特的剡溪山水，处处令人难以忘怀，处处可以引起诗人的雅兴。

这次漫游，杜甫也曾在江宁停留过一些时日。他看见六朝时代像王家、谢家的那些豪门士族都已烟消云散，可是瓦棺寺里顾恺之的维摩壁画却依然无恙。

瓦棺寺建于364年，顾恺之在壁上画了维摩诘像，一时光照全寺，引得全城的人都来看画，庙里不一会儿的工夫便收集了布施百万。时间过去，将近270年，这幅画并没有失去它的光彩，它仍旧吸引着远远近近的游人。杜甫不只如饥似渴地欣赏了那幅图画，而且还在江宁人许八那里求顾恺之（348—409），字长康，小字虎头，晋陵无锡（今江苏无锡）人，汉族。约364年在南京为石棺寺画维摩诘像，引起轰动。博学多艺，工诗赋、书法，尤善绘画，凡人物、佛像、禽兽、山水皆能。时有"才绝、画绝、痴绝"之称。精通画论，著有《论画》《魏晋胜流画赞》《画云台山记》等书行世。他提出的"迁想妙得"、"以形写神"等著名论点，对中国绘画的发展有深远影响。

得瓦棺寺的维摩诘像。

在古代名画中，这也许是杜甫看得最早、或是印象最深的一幅。

公元735年（开元二十三年），杜甫24岁，为了参加科举考试，他回到巩县故乡，请求县府保送。此后他再也没有重来江南，但后来他无论到什么地方，都时常思念吴越的"胜事"，并且也有过到江淮一带住家的打算。

开元二十三年，他由江南赶到东都洛阳参加了一次科举考试。这次考试的主考官是当时特别有名望的善于选拔人才的孙逖。

考前，杜甫自视甚高，但现实却和他开了一次玩笑。贾至、李颀、萧颖士、赵骅等当时没什么名气的人都考上了，杜甫却落第失败了。杜甫虽然感到懊恼，但当时少年气盛，对考场得失并不十分在意。

第二年，杜甫又开始第二次漫游，这次的地点在齐、赵（今河南、山东、河北）一带。

其间他还创作了《望岳》、《登兖州城楼》等作品，写下了"会当凌绝顶，一览众山小"这样俯视一切、慷慨激昂，对人生充满憧憬和信心的名句。

开元二十九年，杜甫回到洛阳。744年（天宝三载），他在洛阳与李白相遇结识，二人一见如故，同游梁、宋，这是杜甫的第三次漫游。

## ✸ 初试未捷的前因后果 ✸

科举考试，在唐朝是读书人进入仕途的一个绝好的途径，但当时的考试存在很多弊端。那时杜甫正青春年少，刚从吴越归来，饱尝了江南秀丽的山水，对生活怀有满腔的热情，还不了解现实的人生。并且由于少年成名，杜甫有点不可一世，甚至不把屈原、贾谊、曹植、刘桢这些古人放在眼里，更没有把考试当一回事。

科举考试，并不是每一个读书人都可以参加的。当时谁若要参加考试，而不是学馆里举选的"生徒"，就必得由乡里保荐，州县甄（zhēn）选，然后才能到京城应试。经过这种手续去投考的，叫做"乡贡"。

这些"贡人"在每年冬季和各地的贡品同时启程，在年前赶到。可能在统治者的眼里，人和物并没有什么区别，都是供他们使用的。人们把各地搜刮来的金帛宝物、珍禽奇兽，在元旦新春时陈列在皇帝面前，博得他的欢心；这些"贡人"就被遣送到尚书省，由一个地位并不高的考功员外郎（后来改为礼部侍郎）考试。

杜甫这回投考，随着那些贡物并没有被送到长安去，而是到了近在咫尺的洛阳。

　　因为733年（开元二十一年）的秋天，长安一带雨水太多，伤害了五谷，农产品又养活不起这个统治集团，玄宗在第二年的正月便迁往东都，一直住到736年的10月。所以，735年的进士考试是在洛阳举行的。进士考试并不是一件容易事。每次投考的两三千人，被录取的往往不及百分之一。

　　另外，考试环节上也有很多弊端，比如，不把考卷上的姓名隐去，使主考官在阅卷和录取时容易作弊。而"通榜"的做法更容易产生弊端。通榜是唐代科举中公开采用的一种辅助性办法，即在考试之前，主考官就在社会上了解考生的才德声望，制成"榜贴"，榜贴就是名单，以供录取时参考。有时主考官派专人进行这种活动，叫做"通榜贴"，简称"通榜"。在通榜的过程中，达官贵人、社会名流的评价对主考官录取与否往往有决定性的影响。有时候，考试还未进行，主考官就已根据榜贴，内定了录取名单和排名次序。通榜的做法致使考生们在考前一定要结识考官或那些达官贵人、社会名流。因此，应试之前，考生往往多方奔走，结交主考官或权贵，投献自己比较得意的诗文，以求得到推荐。这种活动也往往成了士子漫游的一个内容。

　　杜甫对这次考试并没有太重视，认为凭自己的实力，考取进士应该没有什么困难。可是，没有任何达官贵人的推荐，所以虽然他信心百倍地参加了考试，但录取的27名进士中，并没有他。

　　这次考试失利，对杜甫并没有造成太大的打击，他还年轻，才华和学问可以继续长进，况且，无拘无束的漫游生活

是那么富有刺激和吸引力。因此，他在洛阳住了不久，便开始了他第二次的漫游。

# 齐赵游历

齐赵一带，是现在的河南、山东、河北一带。后来杜甫在《壮游》诗中说："放荡齐赵间，裘马颇清狂。春歌丛台上，冬猎青丘旁。呼鹰皂枥林，逐兽云雪冈。"

从这几句诗中可见，杜甫在齐赵漫游的时候是多么的风流倜傥，春天在邯郸的丛台上放歌，冬天在青州以西的青丘旁打猎。

和杜甫一起游猎的有武功的（今陕西武功县）苏源明。源明早年失去父母，徒步在徐州、兖州一带作客，是杜甫朋友中认识最早的一个。他们两

人常常骑着马在原野游猎。

有一天，忽然看见远远飞来一只野鸭，杜甫把马放开，向天空射出一箭，霎时间，这只鸟儿便落在马前。

看到杜甫射猎的本领不得了，苏源明骑在马上，也不让他。两人你追我赶，煞是壮观！

这就是青年时代的杜甫，豪放、洒脱。这和我们所熟悉的后来的杜甫是多么不同！那是因为青年杜甫所处的家庭和社会环境能够使他有裘有马，允许他用放荡与轻狂来鄙视人世的庸俗。他能以裘马轻狂，有一个很大的原因就是他的父亲当时在兖州做司马。

作为自己行程的一部分，也为了去看望父亲，杜甫去了兖州。这年，他25岁。他登上兖州城的南楼，纵目望去，只见浮云笼罩着广阔的原野，远方是他向往的泰山和渤海，还有秦始皇在峄山（在今山东邹县）留下的石碑、汉代鲁共王在曲阜建筑的鲁灵光殿，都是他想游览一番的名胜古迹。

25岁，杜甫终于实现了自己的愿望，登上了泰山，写下了气魄雄伟的《望岳》一诗，这首诗是一个宝贵的萌芽，预示着杜甫将来伟大的发展，这首诗一开端就这样写：

岱宗（泰山）夫如何？齐鲁青未了。

青，是泰山的山色。杜甫从齐到鲁，一片青山总离不开他的面前，这两句诗说明了高峻的泰山是怎样突立在齐鲁一带的天地之间。他也曾在深秋登上泰山的日观峰，翘首八荒，望见逝水东流而心生悲伤。

他想到这几年来，玄宗仰仗着仓库里藏有吃不完的粮米，用不完的缣帛，在西方和北方的边疆不断发动战争：张守珪大破契丹；739年，盖（gě）嘉运又在碎叶城（现哈萨克斯坦境内巴尔喀什湖南）打败突厥……因此人民的征役也就频繁起来，虽说眼前的社会极度繁荣，但这也会耗损人力，影响耕织，使生产能力下降。

◎突厥：中国古代民族。在隋唐时期与中原汉族政治经济联系密切。582年分裂为东突厥和西突厥，638年、659年，东西突厥先后统一于唐。680年，南迁的东突厥之后北返复国，建立后突厥汗国，745年亡于回纥。

这是裘马轻狂的杜甫在赋诗游猎中间偶然的感触，这感触只是火花一般地爆发出来，在他面前闪烁了一下，还没有凝结成一团火在他心里燃烧。

这个时期，杜甫对凡俗平庸的"俗物"是极为轻视的，他向往的是勇猛向前、奋发向上、豪放快意的英雄生活。他的远大抱负和英雄主义精神在他的充满豪迈气概、富于阳刚之气的《房兵曹胡马》和《画鹰》两首诗中表现得淋漓尽致。

## 与李白会合

公元741年（开元二十九年），杜甫从山东回到洛阳，这十年的漫游并没有给他事业的前途打开一条道路。考试落第了，旅途上结识的大半都是和他一样游猎唱歌的朋友，并没有遇到什么实际上能援引他去做一番事业的人物。于是他在洛阳和偃师中间偏北的首阳山下尸乡亭附近开辟了几间窑洞，作为他的住所，这就是他后来常常怀念的"尸乡土室"和土娄庄。这地方有他祖父杜审言的坟墓，他的远祖——晋代的名将杜预也埋葬在这里。

住在首阳山下，望着先祖杜预的坟墓，杜甫想起杜预的一生是多么壮丽，而自己已经30岁了，除写了一些诗文以外，在社会上实际的工作可以说是还没有开始。

在这样的对比下，多才多能的杜预更引起他的景慕了。他于是写了一篇《祭远祖当阳君文》，颂扬杜预的武功和智慧，表示他在这里居住，希望能像杜预那样建功立业，立德立言。

这个时候，发生了两件大事。一件是杜甫和司农少卿杨怡的女儿结婚了，他们感情深厚，安史之乱后，一起流亡，一起受苦，在分离时他写过不少怀念她的诗。

杜甫的诗歌中有许多关于妻子形象的描写，这些描写很大一部分与他现实生活中的妻子有密切的关系。

"结发为妻子，席不暖君床。暮婚晨告别，无乃太匆忙！"（《新婚别》）描写一个新婚妻子的悲痛心情：傍晚才刚刚结婚，第二天早上丈夫就要出征，有一种生离死别的悲伤，但却又无可奈何！

《月夜》诗是杜甫被安史叛军所俘，陷长安时，思念家人所作。诗中虽然并未直接出现"妻子"这类明确的字眼，但该诗确确实实描写的是一个妻子孤独望月、思念丈夫的形象。"何时倚虚幌，双照泪痕干？"写出了妻子心中多少的愁苦！而"老妻数纸笔，应悉未归情"（《客夜》）则是描写妻子写长信来催归，希望丈夫能早日回家。因为当时杜甫送朋友正欲回家，却有叛军作乱，只得暂时躲避一下。时局的动荡，想及家人，使他夜不能寐，便写下了这首抒发自己忧思的诗作。

《北征》是杜甫探亲回家时所写。"瘦妻面复光"——妻子看到摆出的物品后高兴得面上泛出了红光，表现了妻子见到丈夫带来的物品后的喜悦心情。

第二件是，救了他却失去自己儿子的姑母死去了，他给她守制，给她写墓志，给她刻石。

墓志一开端就这样说：一般的墓志大抵都是死者的家人用钱贿赂，使作者给死者说些好听的话，真假混淆，形成一套庸俗的公式。现在他写这篇墓志，却要真实地叙述他姑母的德行，并且把他幼年在姑母家里生病的那段故事作为一个实例。

这期间，杜甫还不时到洛阳去，拜访洛阳的名士和诗人，希望能在政治上找到出路。

也就是在这时，公元744年（天宝三年）春夏之交，杜甫在洛阳遇到了大诗人李白。那时，李白44岁，杜甫32岁。李白因为遭到谗毁，被迫离开长安，他是带着十分愤懑的心情从长安到了洛阳。

李白，字太白，原籍陇西成纪（今甘肃天水）。隋朝末年，全家迁到西域的碎叶（在今吉尔吉斯坦共和国北部），李白就出生在那里。5岁那年，他又随父亲迁居绵州昌隆（今四川江油）青莲乡，所以他又号称"青莲居士"。

作为一个名满天下的大诗人，李白的个性也是十分狂放的，他又特别喜好饮酒，常喝得酩酊大醉。杜甫曾在一首诗中这样描述他："李白斗酒诗百篇，长安市上酒家眠，天子呼来不上船，自称臣是酒中仙。"这样的个性使李白很难被朝中的权贵们所容忍。

李白现存的诗有一千多首，其中很大一部分是他对祖国大好河山的歌颂。这些诗经过他夸张的描绘，奇特想象的渲染，显得大气磅礴，出神入化。他还写了不少反映人民生活、抨击黑暗政治的诗。

他善于从民歌、神话中汲取营养和素材，经过他丰富而奇特的想象，使他的作品具有雄奇豪放的风格、瑰丽绚烂的色彩。

他被认为是自屈原以后最伟大的浪漫主义诗人，他的创作是中国浪漫主义诗歌的新高峰。不少作品，如《蜀道难》《静夜思》《早发白帝城》等，已成为千古传诵的佳作。

李白在诗歌创作上的伟大成就，是很难用几句话来描述的，也许只有杜甫的两句诗最有概括力："笔落惊风雨，诗成泣鬼神。"

那时，一方面，一些统治者、帝王和贵族，要使他们奢侈的生活"百尺竿头更进一步"，希望能在虚幻神灵的仙境把他们优越的生活永久延续下去；另一方面，则有一些人蔑视现实的生活，想用炼丹、修道、求仙来超脱世俗，寻求精神上的解放。所以，求仙成为一时的风气。

游侠与求仙，在李白的一生里占有相当重要的地位。他15岁时便开始学习剑术，20岁时充作侠客，亲手杀死过好几个人。随后到处漫游，除却偶尔拜谒一些有权势的达官贵人外，他还求仙访道，迷信符箓，致使天台的司马子微说他有"仙风道骨"，到长安后贺知章一见面就说他是"天上谪仙人"。

这种生活是浪漫的，又是与人民隔离的、个人主义的，李白对于人世间一切的秩序表示反抗，看不起尧舜，看不起孔丘，是为了他自己要有高度的自由。

这时社会的富庶与秩序还能在某种条件下容许诗人和士大夫们过他们放纵而浪漫的生活。尽管他们说尧舜之事不足为奇，尽管他们嘲笑孔丘。只要不触犯当时统治者的利益，他们放荡的生活是可以容许的。

杜甫的《饮中八仙歌》就是这些人活生生的写照：

知章骑马似乘船，眼花落井水底眠。

汝阳三斗始朝天，道逢麹车口流涎，恨不移封向酒泉。

左相日兴费万钱，饮如长鲸吸百川，衔杯乐圣称避贤。

宗之潇洒美少年，举觞白眼望青天，皎如玉树临风前。

苏晋长斋绣佛前，醉中往往爱逃禅。

李白斗酒诗百篇，长安市上酒家眠，

天子呼来不上船，自称臣是酒中仙。

张旭三杯草圣传，脱帽露顶王公前，挥毫落纸如云烟。

焦遂五斗方卓然，高谈雄辩惊四筵。

史称李白与贺知章、李适之、李琎、崔宗之、苏晋、张旭、焦遂八人俱善饮，称为"酒中八仙人"。他们虽都在长安呆过，但并不是同时都在长安。杜甫从"饮酒"这个角度把他们联系在一起，全是追叙。八人中，贺知章资格最老（比李白大41岁），所以放在第一位。其他按官爵，从王公宰相一直说到布衣。写八人醉态各有特点，纯用漫画素描的手法，写他们的平生醉趣，充分表现了他们嗜酒如命、放荡不羁的性格，生动地再现了盛唐时代文人士大夫乐观、放达的精神风貌。《唐宋诗醇》引李因笃语："无首无尾，章法突兀妙是，叙述不涉议论，而八人身份自现，风雅中司马太史也。"《杜诗镜铨》引李子德语："似颂似赞，只一二语，可得其人生平。"

所以，李白在长安一出现，便和酒徒们聚在一起，如鱼得水，他的行为就是在玄宗的眼里也是新奇的、有趣的。但等到他一再在玄宗面前表露他酒后的傲慢，并且得罪了高力士和杨贵妃时，玄宗对于他的兴趣也就淡泊下去。高力士是唐玄宗最宠信的宦官。传说唐玄宗宴请李白时，李白酒醉，竟喝令高力士替他脱靴，高力士深以为耻，怀恨在心，便怂恿杨贵妃，在唐玄宗面前诋毁李白。最后玄宗对李白有些讨厌了，便在744年（天宝三年）解除了他的翰林职位。

杜甫在洛阳见到李白，写了一首《赠李白》的诗，诗中说，自己在东都洛阳已经进进出出两年了，看到的尽是投机取巧、尔虞我诈之事，感到十分厌恶，就像野人已经受不了腥膻，宁可吃蔬菜，常常饿着肚子。他想去学道求仙，但却没有碰到可以引荐的道士或仙人。现在好了，李白来到洛阳，自己可以和他一起去漫游梁、宋（今河南开封一带），一起寻找那些道山仙境采摘瑶草了。

两位诗人见面后，决定一起去漫游。天宝三年秋天，他们乘一叶轻舟，渡过波涛汹涌的黄河，到王屋山去拜访著名的道士华盖君，谁知华盖君已经去世，只遇见华盖君的几个

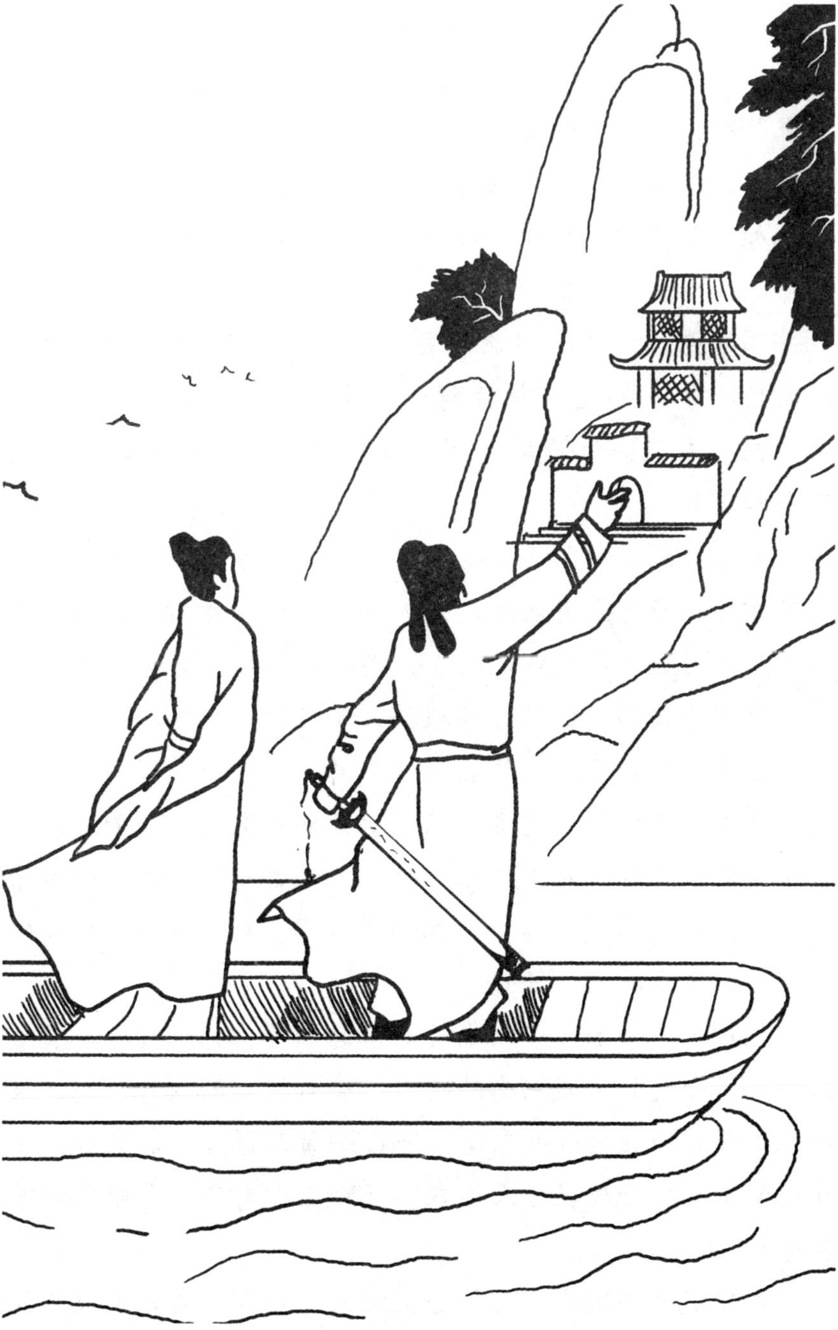

弟子。两人看到道观一片狼藉，香灰满地，连炼丹的火也熄灭了，不禁伤心落泪。王屋山中常有野兽出没，咆哮不止，满眼荒凉，两人只得失望返回。

不久，李白与杜甫在梁、宋漫游时，另一位著名诗人高适也加入了他们的行列。杜甫曾经在汶水见过高适，现在久别重逢，当然格外高兴。

高适是渤海（今河北景县一带）人，生于公元702年，此时已43岁。高适少年时期家境贫寒，在梁宋一带流浪，甚至向人求乞。20岁时到了长安，本来想获取官职，却失望而归。

后来，到过蓟门（今北京西南），想在边疆从军报国，立功沙场，虽然没有实现理想，却有了边疆生活的体验，创作了杰出的边塞诗《燕歌行》，因而在诗坛上名声大振。

虽然李白和高适的才华极高，早已诗名远扬，但与年龄小得多的杜甫结交，仍然感到很高兴。

杜甫和李白、高适会合在一起，同行同住，一同喝酒，谈论古今，品评人物，吟咏诗赋。三人都心高气傲，怀有豪情壮志，有着满腹才华，却都怀才不遇，功名不显，因而彼此间有着很多共同的话题。

他们出入梁园（今河南开封）的酒店，痛饮畅谈，又趁着酒兴，一起登上城东南的吹台，望着辽阔的原野，想起汉高祖刘邦曾经在远处的芒山、砀山一带藏匿过，后来创立了伟大的事业，而现在古人何在？荒野上空有几只大雁和野鸭在呼叫。

在傍晚的寒风中，他们登上宋州（今河南商丘）以北的单父台（在今山东单县），遥望无边无际的原野，好像一直连到渤海边，万里风云扑面而来。寒风卷动着桑柘的落叶，野草随风在空中飞旋，尽管霜寒冰冻，他们仍然兴致勃勃，一起驰骋游猎，追逐飞禽走兽。

那时的宋州，名声虽然没有陈留（今河南开封）大，但仍是一个繁荣兴旺又充满着豪侠气息的城市。宋州人口稠密，楼台高大，街道宽广，舟、车来自四面八方。当地人十分好客仗义，慷慨任侠，嫉恶如仇，路见不平，拔刀相助。为了报仇，敢在闹市中杀人；为了报恩，能毫不犹豫地倾其所有。这种环境氛围，正符合激情四射、热血沸腾、向往豪侠行为的三位诗人的心性。

公元745年（天宝四年）初，这三个朋友都先后离开了这里，高适南游楚地，杜甫和李白到了山东齐州（济南）。

李白这次到齐州，是去访仙，他在紫极宫（即祀奉老君的玄元皇帝庙）领受北海高天师的道篆，杜甫却在这里拜访了因书法、文章在文艺界有极大盛名的李邕（yōng）。

这个时候，李邕已经是将近70岁的人，杜甫和他一起游历下亭、新亭。在亭里，他们重叙洛阳别后的情形，任凭日影在亭前移动。

他们还谈到当代的文学，李邕把几十年来的诗人屈指细数，一直数到崔融和苏味道。他对于每个人都给予一个评价，他称赞杨炯诗文的雄壮，而不满意李峤的华丽；张说本来是杜甫最钦佩的人，他死去很久了，但李邕仍然是尖刻地攻击他，因为他们两人有解不开的私怨。最后谈到杜审言，他说杜审言的《和李大夫嗣真诗》是一篇难得的佳作。

杜甫和李邕度过了一个快乐的夏天后，到了兖州。这时李白已经回到了兖州附近的任城（今济宁）家中。他和李白在秋日重逢，便写下了著名的《赠李白》一诗：

秋来相顾尚飘蓬，
未就丹砂愧葛洪。
痛饮狂歌空度日，
飞扬跋扈为谁雄。

短短28个字，写尽了李白的精神、神态、性格和嗜好，是一幅形神兼备的"诗仙"李白的生动画像。随后他和李白一起走入东蒙山访问道士董炼师和元逸人。

他们白天携手同行，醉时共被酣睡，友情比去年在洛阳和宋州时又增进了许多。他们有时走出兖州的北门，到荒坡漫野中寻访他们共同的友人范隐士，在那里任情谈笑；他们也常常守着一壶酒仔细讨论文学上的问题。

这是两位诗人最后的会合。不久，杜甫要去长安，李白也准备重游江东，两个人在兖州城东的石门分手，临别时李白送给杜甫一首诗希望"金樽重开"，朋友能再聚。但从此石门路上的金樽没有能够"重开"，这两位诗人也就永久地分手了。

那海阔天空的李白在他的旅程中又遇见许多新的朋友，杜甫的名字再也不在他的诗里出现。可是一往情深的杜甫，后来无论是在长安的书斋，或在秦州的客舍，或是在成都和夔州，都有思念李白的诗写出来，而且思念的情绪一次比一次迫切，对于李白的诗的认识也逐渐加深：在长安时说"白也诗无敌"，在秦州时说李白"笔落惊风雨，诗成泣鬼神"，在成都时说他"敏捷诗千首，飘零酒一杯"。

# 第三章

# 困居长安

◆ 再试失利
◆ 唐都风云
◆ 沉郁的诗风

# ✹ 再试失利

公元745年（天宝四年），杜甫来到了长安，希望实现像他在《奉赠韦左丞丈二十二韵》说的"致君尧舜上，再使风俗淳"的政治抱负。

杜甫初到长安的时候是意气风发、壮志满怀的。他有满腹的学问和才华，诗赋都很有名气，他认为自己如此出类拔萃，在长安获取功名应该顺理成章，从而会在朝廷中得到一个重要的位置，辅助皇帝成为尧舜一样的圣明君主，使国家政治清明、风俗淳朴。

唐代的长安是一座规模宏大的京城。东西18里115步，南北15里175步，全城除去城北的皇宫和东西两市，共有一百一十个正方形或长方形的坊，坊与坊之间交叉着笔直的街道。

它自从582年（隋文帝开皇二年）建成后，随时都在发展着，到了天宝时期可以说是达到了极点。里边散布着统治者的宫殿府邸、各种宗教的庙宇、商店和旅舍，以及私人的园林。

唐代著名的诗人很少没有到过长安的，他们都爱用他们的诗句写出长安地势的雄浑、城坊的整饬、统治阶级豪华的生活和日日夜夜在那里演出的兴衰隆替。

杜甫初到长安，看到的就是这样一幅充满了浪漫气息的图景。

杜甫写有一首《今夕行》，记叙了在一个更长烛明的

除夕夜晚，在长安的客栈中，作者没有什么事情可做，就邀约一群朋友一起玩博塞取乐。"博塞"是古代的一种博彩游戏，在唐代很流行。杜甫和朋友们兴致高昂，玩得十分尽兴。在诗中，杜甫想到了东晋的英雄刘毅，少年时家中没有多少财产储粮，却很喜欢赌博，一赌就是上百万银两，后来与刘裕起兵讨伐桓玄，成就功业。所以，杜甫说："英雄有时亦如此。"

可以看出，初到长安的杜甫，还没有从意气轻狂的状态中走出来，要认清唐帝国强盛外表下的危机，还需要一定的时间去体验和观察。

但不久，杜甫的父亲便去世了，这使他失去了经济来源，也失去了豪迈的资本。他在长安一带流浪，一天比一天穷困，为了维持生活，他不得不低声下气，充作几个贵族府邸中的"宾客"。

当时有一小部分贵族承袭着前代的遗风，除去在他们的府邸园林中享受闲散的生活外，还延揽几个文人、乐工、书家、画师作为生活的点缀。

他们在政治上不会起什么作用，可是据有充足的财富，随时给宾客们一些小恩小惠。宾客追随着他们，陪他们诗酒宴游，维持自己可怜的生计。有时酒酣耳热，主客间也仿佛暂时泯除了等级的界限，彼此成为"朋友"。

杜甫就做过这样的宾客。除此以外，他还找到一个副业，在山野里采撷或在阶前种植一些药物，随时呈献给他们，换取一些"药价"，表示从他们手里领到的钱财不是白白得来的。

这就是他后来所说的"卖药都市，寄食友朋"。

这时，杜甫已经很穷困了，经常挨饿，动不动就是十来天没米下锅。

他的族孙杜济住在长安城的南郊，为了叨（tāo）扰一顿饭吃，他每每前去走动。这位族孙的生活也不宽裕，见长辈来了，心里老大的不高兴，但嘴上不好说什么，却在行动上表现出来：打井水淘米，使劲摆动水桶，把水搅得挺浑；到园中砍菜，放手乱砍一气。杜甫对此感慨万分：人一贫贱，就连同族晚辈也要给点脸色看了。

他曾写诗对朋友王倚说："但使残年能饱饭，只愿无事长相见。"可以想象当时杜甫处于什么样的饥饿状态。

747年（天宝六年），也就是杜甫来长安的第二年，玄宗诏令天下有一技之长的人到京城参加考试。这是一个令杜甫振奋的消息。但此时正值宰相李林甫频频制造冤案之际，他怕参加考试的人在对策时指斥他的奸恶，便施展阴谋诡计，把考生全部落选，而后上表祝贺皇帝，说是"野无遗贤"。

◎野无遗贤：野指民间，意思是有才能的人都受到任用，民间没有弃置不用的人才。

杜甫满怀信心地参加了这次考试，不料竟是这样的结果，他沉痛而且愤慨。

虽然内心比较愤慨，但杜甫在当时则显得比较软弱，未敢直言，而是在李林甫去世后不久的752年（天宝十一载）所作《奉赠鲜于京兆二十韵》诗中痛定思痛，他说："破胆遭前政，阴谋都秉钧，微生沾忌刻，万事益酸辛。" 这里说的前政就是指李林甫，说他玩弄政治权术，一个人独揽朝政，而且忌刻人才，使自己没有考上，内心伤痛得不得了，这种批评也不可谓不激烈、不深刻，可惜杜甫当时没有直接表露出来。

考试的路子走不通，杜甫便向显要投诗，以求他们的引见。他首先寄希望于韦济。

韦济作河南尹时，曾仰慕杜甫的诗名而几次去寻访，向人打听杜甫的情况。杜甫得知后，作《奉寄河南韦尹丈人》一诗，对韦济表示感谢，并希望得到他的引见。748年（天宝七年），韦济迁尚书左丞入京后，杜甫又有《赠韦左丞丈济》诗，希望对方大力提拔。

韦济也确曾在百官会集的场合为杜甫张扬过诗名，但于杜甫的进入仕途却未能起到作用。这使杜甫感慨万端。

这期间，杜甫曾一度把家眷接到长安城南的下杜城，可不久便因生计问题而被迫将他们送到长安东北240里的奉先（今陕西蒲城县），寄居在县署公舍里。

杜甫在仕途上又一次遭到了挫折，生活也更为落魄起来。杜甫迫于饥寒不得不向达官贵人投诗干谒，但是结果却令人失望，因此长安城中权贵们的奢侈、豪华，更激起了他的不平与愤怒，他创作了《丽人行》等揭露贵族奢华生活的行径。其中《丽人行》讽刺了杨贵妃的三个姐姐和杨国忠三月三日在长安曲江边游春时得意骄横的情景。他说：

三月三日天气新，长安水边多丽人。

态浓意远淑且真，肌理细腻骨肉匀。

绣罗衣裳照暮春，蹙（cù）金孔雀银麒麟。

头上何所有？翠微匐（è）叶垂鬓唇。

背后何所见？珠压腰衱（jié）稳称身。

就中云幕椒房亲，赐名大国虢与秦。

紫驼之峰出翠釜，水晶之盘行素鳞。

犀箸餍饫（yàn yù）久未下，鸾刀缕切空纷纶。

黄门飞鞚（kòng）不动尘，御厨络绎送八珍。

箫鼓哀吟感鬼神，宾从杂杳实要津。

后来鞍马何逡巡，当轩下马入锦茵。

杨花雪落覆白苹，青鸟飞去衔红巾。

炙手可热势绝伦，慎莫近前丞相嗔。

这是说在三月三日春光明媚的时候，长江的曲江边有许多佳人游春，而这儿的佳人指的就是杨贵妃的姐姐虢国夫人和秦国夫人，这两个夫人的美貌是"态浓意远淑且真，肌理细腻骨肉匀"，其中虢国夫人肌肤特别好，入宫的时候也只是淡淡地画一下眉毛，可见皮肤是多么的细腻多么的美丽。这两句写的是她们的肌肤和神态，下面写华丽的服饰"绣罗衣裳照暮春，蹙金孔雀银麒麟"，衣服上绣着孔雀和麒麟的图案。"头上何所有，翠微匐叶垂鬓唇。"这是她们的头饰。"背后何所见，珠压腰衱稳称身。"身上腰间佩戴着无数宝珠。"就中云幕椒房亲，赐名大国虢与秦"，因为杨贵妃的关系她们被封为虢国夫人和秦国夫人。她们吃的是什么呢？"紫驼之峰出翠釜，水晶之盘行素鳞。"用翠玉的盘子端来了紫驼的驼峰，用水晶做的洁白的盘子端来了晶莹洁白的鱼肉给她们吃。虽然呈上的是骆驼和鱼这样的美味佳肴，但是她们竟然没有食欲、吃不下。"犀箸餍饫久未下，鸾刀缕切空纷纶",拿着犀牛角的筷子吃不下,因为平时吃得太好了、太多了。她们手持鸾凤图案的刀具来切生鱼片,但只是切几下而已,并没有送到嘴边,因为她们对这些美味佳肴没有多少兴趣。但即使这样,还是"黄门飞鞚不动尘,御厨络绎送八珍",宫中的御厨还是继续给她们送来各种美味。

"箫鼓哀吟感鬼神,宾从杂沓实要津。"在动听优美的音乐声中,她们吃饱喝足了,然后又骑上马游玩赏春。"杨花雪落覆白蘋,青鸟飞去衔红巾",这里暗示着她们姊妹和奸相杨国忠之间的暧昧关系。最后两句说"炙手可热势绝伦,慎莫近前丞相嗔",一般人都不能近前去看,否则会惹恼当时的丞相杨国忠。杜甫在写这首诗的时候,正是衣食无依靠的时候,整天处于饥饿的状态,所以他才在这些诗中对权贵们的腐朽奢侈生活批判得这么激烈。

# ❋ 唐都风云 ❋

在长安住了几年后,杜甫渐渐看到长安繁华背后的一面:那就是统治集团的腐化和人民的痛苦。

这时的政治正显露出日趋腐化的征兆。李隆基做了三十多年的皇帝,眼看着海内升平,社会富庶(shù),觉得国内再也没有什么事值得忧虑,太平思想麻痹了他早年励精图治的精神。

李隆基出生的时候正是武则天主政要做女皇的时候,所以他小时候就经历了错综复杂的宫廷变故,这也许促使他形成了意志坚定的性格。

他小时候就很有大志，在宫里自诩为"阿瞒"，虽然不被掌权的武氏族人看重，但他一言一行依然很有主见。

在他7岁那年，一次在朝堂举行祭祀仪式，当时的金吾将军（掌管京城守卫的将军）武懿（yì）宗大声训斥侍从护卫，李隆基马上怒目而视，喝道："这里是我李家的朝堂，干你何事？！竟敢如此训斥我家骑士护卫！"弄得武懿宗看着这个小孩儿目瞪口呆。

武则天得知后，不但没有责怪李隆基，反而对这个年小志高的小孙子倍加喜欢。到了第二年，李隆基就被封为临淄郡王。

在奶奶武则天死后，唐中宗懦弱无能，结果朝政大权落到了韦皇后和安乐公主之手，原来发动政变恢复唐朝的功臣、宰相张柬之也被她们贬官驱逐，太子李崇俊被杀。

韦皇后效仿原来武则天的做法，让自己的兄长韦温掌握大权，对于女儿安乐公主的卖官鬻（yù）爵非但不加制止，反而大加纵容。

公元710年，中宗暴死。然后，韦皇后便想学习婆婆武则天，做第二个女皇。

没有等韦皇后动手，一直静观时变的李隆基和姑姑太平公主便抢先发动了兵变，率领御林军万余人攻占了皇宫，把韦皇后一派全部消灭。然后，由睿宗李旦重新即位，李隆基也因功被立为太子。

但父亲李旦也和中宗一样是个软弱的皇帝，不愿和太平公主发生正面冲突，总是忍让。而太平公主则认为是自己给了他做皇帝的机会，功劳巨大，所以她掌握了朝政大权。随着自己势力的壮大，太平公主的野心也膨胀起来，想像母亲那样也做做女皇。

太平公主的主要对手便是太子李隆基，开始她没把他放在眼里，觉得他还年轻，但后来了解了李隆基的英勇果断之后，就开始防范他。她制造舆论说，李隆基不是长子，没资格做太子，更不能继承皇位。太平公主的目的是要废除李隆基的太子身份，为自己以后做女皇帝开路。

到公元712年，太平公主借助天象，散布流言，言太子不利于君主，将要夺位。她本以为睿宗会对李隆基有所提防，但由于睿宗厌倦了做皇帝的生活，却把帝位让给了儿子李隆基，但是太平公主仍然掌握着朝政大权：朝廷三品以上官员的任免权和军政大事的决定权。睿宗的让位加剧了李隆基和太平公主的矛盾。双方都在积蓄力量，准备除掉对方。

在公元713年的7月3日，唐玄宗李隆基果断地先下了手，亲自率领兵马除掉了太平公主和她的手下骨干几十人，将倾向太平公主的官员全部罢官废黜。

唐玄宗终于掌握了皇帝应有的权力。当年，唐玄宗把年号改为开元，表明了自己励精图治，再创唐朝伟业的决心。

唐玄宗虽然在清除太平公主之后，彻底巩固了皇权，但当时的形势不容乐观：兵变大大地伤了朝廷元气，吏治的混乱、腐败亟待治理。所以，唐玄宗表示要量才任官，提拔贤能人做宰相。

在这方面唐玄宗还是有伯乐眼光的。如著名的宰相姚崇、宋璟、张九龄都是唐玄宗时期的宰相，著名大臣。

现在玄宗已经年过六十了，十几年来迷信道教，不是自己在恍惚中听见神仙在空中说话，就是有人向他报告在紫云里看见玄元皇帝（即老君），或是某处有符瑞出现，使他相信自己将要在一个永久升平的世界里永生不死。同时他又把自己关闭在宫禁中，寻求感官的享乐，终日沉溺声色，过着骄奢无度的生活。他把一切权力都交付给中书令李林甫。

李林甫是一个"口有蜜腹有剑"的阴谋家。他谄媚玄宗左右，迎合玄宗的心意，以巩固他已经获得的宠信；他杜绝讽谏，打击与自己意见不同的同僚，以完成他的奸诈；他忌妒贤才，压抑比他有能力的人，以保持他的地位；并且一再制造大狱，诬陷与他不合作的重要官员，以扩张他的势力。因此开元时代遗留下来的一些比较正直的、耿介的、有才能的或是放诞的、狷（juàn）介的人士，几乎没有一个人不遭受他的暗算与陷害。

杜甫所推崇的张九龄、严挺之都被他排挤，离开京师，不久便先后死去；惊赏李白的天才、相与金龟换酒的贺知章也上疏请度为道士，归还乡里；随后李邕在北海太守的任上被李林甫的打手杀害，左丞相李适之被贬为宜春太守，不久也被迫自杀；与李适之友好、后来与杜甫关系非常密切的房琯也被贬为宜春太守。

这时的长安被阴谋和恐怖的空气笼罩着，几年前饮中八仙的那种浪漫的气氛几乎扫荡无余了。李林甫以外，朝廷里的人物不是像杨国忠那样的贪污，就是像陈希烈那样的庸懦。

和长安的现实接触渐多，杜甫胸中豪放的情绪也就逐渐收敛，这中间他对于过去自由的生活感到无限的依恋。一种矛盾的心情充分地反映在他长安前期的诗里：一方面羡慕自由的"江海人士"，一方面又想在长安谋得一个官职，致使他常常有这样的对句：上句说要脱离使人拘束的帝京，下句紧接着说不能不留在这里。尤其是从外面回到寂寞的书斋，无论在风霜逼人的冬天，或是望着渭北的春天，他终日只思念着李白；杜甫在长安十分孤寂苦闷，常常想念好友李白。

他先后写了《冬日有怀李白》《春日忆李白》《送孔巢父谢病归游江东，兼呈李白》三首诗，表达了对李白的深切思念。《春日忆李白》一诗说：

> 白也诗无敌，飘然思不群。
>
> 清新庾开府，俊逸鲍参军。
>
> 渭北春天树，江东日暮云。
>
> 何时一樽酒，重与细论文？

前四句对李白的诗歌创作成就给予了高度评价，说李白的诗天下无敌，诗思飘逸，奇特不凡，意境清新，风格超逸，像南北朝的诗人庾信和鲍照一样独具风貌。后四句写了对李白的深挚怀念。春天来到了渭北（渭北是指长安一带，江东指江浙一带。），花木欣欣向荣，这个时节杜甫思念远方的李白。他想，在江东日落时，李白是不是也在眷念着我呢？什么时候好朋友才能再次见面，细细地论文长谈呢？

孔巢父从长安回江东时，别筵上他也一再托付他，向李白问讯。他这样怀念李白，就是羡慕李白还继续着那种豪放的生活，而他自己却不得不跟这种生活告别。

唐玄宗终日在深宫里纵情声色，对于外边的情况也越来越不了解，从一个精干有为的帝王变成一个糊涂天子。他有时偶然想到人民，豁免百姓的租税，但那些贪污的权臣的横征暴敛比他所豁免的要超过许多倍。

玄宗在751年（天宝十年）正月八日到十日的三天内接连举行了三个盛典：祭祀玄元皇帝、太庙和天地。杜甫正感到无路可走，于是趁这机会写成三篇《大礼赋》。想不到这三篇赋竟产生了效果，玄宗读后，十分赞赏，让他待制集贤院，命宰相考察他的文章。

这一段时间是杜甫在长安十载内最值得炫耀的一个时期。他在一天内声名大噪，考试时集贤院的学士们围绕着观看他。可是这个好机会一闪便过去了。

考试后他等候颁布结果，却永无下文，这也是李林甫在从中作祟。他只好长期地等待，等到第二年的春天又回到洛阳小住时，他绝望地向集贤院的两个学士说，仕进的前途没有多大希望了，只有继承祖父的名声努力做诗吧。

但他并不完全断念，此后几年，杜甫一直在长安寻找得到推荐的机会。754年，又接连进了两篇赋：《封西岳赋》

和《鹏赋》，他在这两篇赋的进表里仍旧表明渴望仕进，把他穷苦的生活写得十分凄凉。同时他也不加选择，投诗给那些他并不十分尊重的权要，请求他们援引。

他写诗给翰林张珀、京兆尹鲜于仲通、来长安朝谒的哥舒翰、左丞相韦见素。这些诗都是用排律写成的，具有一定的格式：首先颂扬他们的功业，随后陈述自己的窘况，最后说出投诗的本意，说得既可怜、又迫切，排律里堆砌的典故也掩盖不住他凄苦的心情。

在投诗的同时，杜甫还直接向玄宗献赋，以求天子赏识。从这里我们看到，杜甫一方面被贫穷压迫，一方面被事业心驱使，为了求得一个官职已经到了不择手段的地步。

这个时候，杜甫已经四十多岁了。751年秋天，长安下了许多天雨，到处墙屋倒塌，杜甫在旅舍里整整病了一秋，门外积水中生了小鱼，床前的地上也长遍青苔。他的身体本来就不太好，这次又染上沉重的疟疾。

朋友王倚见到杜甫时，他面黄肌瘦，身体还未恢复，又饥肠辘辘。王倚连忙让妻子准备了米饭、冬菹，买了鲜肉和酒，让杜甫饱餐了一顿。

杜甫恢复了一点力气，精神也焕发了一些。他十分感谢王倚的关照和情谊，他病后到友人王倚家中，向王倚表示感谢：

疟疠三秋孰可忍？寒热百日相交战。

头白眼暗坐有胝，肉黄皮皱命如线。

同年冬天，他寄诗给咸阳、华原两县县府里的友人说他饥寒的情况：

饥卧动即向一旬，敝衣何啻联百结。

君不见空墙日色晚，此老无声泪垂血。

这一年的除夕之夜，杜甫是在他的一个从弟杜位家度过的。杜位当时任考功郎中，是李林甫的女婿，应该是有一定权势的，但在史料中似乎看不到他对杜甫有过什么帮助。

杜甫一事无成，连生活都没有着落，除夕的夜晚，本应该和家人在一起守岁，但他却只能在长安困守，心里十分痛苦，因而拼命喝酒，想喝个烂醉，忘却烦恼。杜甫在长安多年，仕途上没有什么收获，生活上越来越贫困，但是对社会的观察却越来越细致，思考越来越深刻。

一次，他路过咸阳桥的时候，看见远征的军队正在告别亲人，准备往前线开拔，父母妻子不愿意他们离开，牵衣顿足，哭声震天。

原来，公元751年（天宝十年），剑南节度使鲜于仲通率兵攻打远在云南的南诏，结果大败，基本上全军覆没，死亡6万人，只有鲜于仲通一人逃脱。

但杨国忠隐瞒失败的真相，欺骗唐玄宗说打了胜仗，还要叙功封赏，同时在长安、洛阳等地大肆征兵，要再次攻打南诏。当时传闻云南有瘴疠，还没等到打仗，士兵们大都会因病而死。人们都不愿意亲人到那里送死，没有人应征。

杨国忠派官差到各处捉人，强行征兵并发往前线。这些被强行派往云南的兵士离开长安时，正是寒冬季节，使得送别亲人时哭声震野的场面更为凄惨。杜甫目睹了这一场面，抑制不住心头的悲痛和愤怒，写下了长诗《兵车行》：

车辚辚，马萧萧，行人弓箭各在腰。耶娘妻子走相送，尘埃不见咸阳桥。牵衣顿足拦道哭，哭声直上干云霄。道旁过者问行人，行人但云点行频。或从十五北防河，便至四十西营田。去时里正与裹头，归来头白还戍边。边庭流血成海水，武皇开边意未已。君不闻汉家山东二百州，千村万落生荆杞。纵有健妇把锄犁，禾生陇亩无东西。况复秦兵耐苦战，被驱不异犬与鸡。长者虽有问，役夫敢申恨？且如今年冬，未休关西卒。县官急索租，租税从何出？信知生男恶，反是生女好。生女犹得嫁比邻，生男埋没随百草。君不见青海头，古来白骨无人收。新鬼烦冤旧鬼哭，天阴雨湿声啾啾。

虽然，引发诗人激情的是征伐南诏的兵士与家人在咸阳桥告别的事件，但杜甫在诗中写到的却不只是咸阳桥，他写到"边庭"，写到"青海头"，写的不只是一件事，他针对的是天宝后期不断发动边疆战争的皇帝和朝廷。

朝廷不断发动战争，不仅葬送了无数兵士的生命，破坏了无数家庭的正常生活，也破坏了农业生产，使大量的田地荒芜，庄稼歉收，还加重了老百姓的租税。县官仍然不停地催逼租税，弄得民不聊生。

这首诗的标题属于新题乐府，是杜甫的独创。从齐梁以来，诗人们都喜欢写乐府诗，但主要是模仿前代，陈陈相因，题目不变，诗的内容与题目基本上不沾边。杜甫这首诗完全是根据自己的感触和诗歌的内容来设定题目。

后来，杜甫还用新题乐府的形式写出很多更为有名的诗篇。这首诗的出现，标志着杜甫思想和诗歌创作已经有了崭新的变化。

在写《兵车行》之后不久，杜甫又写了组诗《前出塞九首》。这组诗写了一个兵士十年从军戍边的遭遇和感受，反

映了远征兵士们的痛苦，讽刺了唐玄宗好大喜功、开边黩武的行径，暴露了不义战争的罪恶。

诗中这样写道："君已富土境，开边一何多？""君"指的就是唐玄宗。这首诗谴责统治者：疆域已经十分广阔，为什么还要派兵到遥远的地方去开拓疆土呢？把批判的锋芒直接指向当朝的皇帝，这在当时是需要有相当胆识的。

诗中还写道："杀人亦有限，立国自有疆。苟能制侵凌，岂在多杀伤？"杜甫借远征兵士之口呼喊道，杀人也应该有个限度，国家本来已经有一定的疆域，为何还要天天打仗呢？如果说是为了制止别国的侵略，又何必要多多地杀伤人命呢？这组诗对战争充满了控诉，对士兵的生命充满了关爱，杜甫对人类的仁爱胸怀，超越了国界和民族的局限。

## ✸ 沉郁的诗风 ✸

天宝十年以后，过了40岁的杜甫，在长安的日子小有起色。他的挚友郑虔、岑参、高适等人相继来到长安。使杜甫在长安的后期生活变得更加丰富，慰解了他的愁苦。

郑虔有诗书画三绝的美誉，又是百科全书式的人物，却有人告他私撰国史，终身仕途不畅。二人常对饮，各发各的牢骚。

郑虔的书画，曾受到玄宗的高度赞赏，可他官职卑微，有时饭都吃不饱。当初李邕一幅画能卖天价，郑虔为何卖不出去？只因他官小，又受过严重处分，能买画的达官贵人他攀不上。他画马送给杜甫，杜甫卖药请他喝酒。

长安的小酒馆，两个才华横溢的男人借酒浇愁。

岑参加入进来，方移至酒楼畅饮。岑参是与高适齐名的边塞诗人，在军中任职，境遇比杜甫、郑虔好。

年近半百的高适官运更好。朋友们给杜甫资助，帮他在长安南郊的少陵原上盖起房子，结束了京城流浪的日子。这位饱受权贵和客栈老板白眼的诗人，终于有了自己的家，欣喜之情藏不住，动不动就自称"少陵野老""少陵布衣"。他与岑参、高适等人同登大雁塔，被后世文人传为佳话。大雁塔当时叫慈恩寺塔，共7层，高达64米，是长安的标志性建筑。

杜甫把家人接到长安，可见他对未来信心大增。妻子杨氏，此时不到30岁，大儿子宗文5岁，小儿子宗武未满周岁。杨氏到长安，面呈喜色，宗文、宗武蹦蹦跳跳。

然而家里用度还是紧张的，杨氏心中有数的。有钱买米无钱买盐，赊借是常事。偏偏这一年，绵绵秋雨又来了，一连下了六十多天，米价暴涨，很多人家顾不得御冬，抱着棉被换米吃。杜甫不得不筹划，将妻儿送往奉先（陕西蒲城）投靠亲戚。

老婆孩子走了，家里变得空荡荡。杜甫深夜守着孤灯，写下一封又一封求职信。

杨氏临走时，几番欲言又止，他心里何尝不清楚？"贫贱夫妻百事哀"，杨氏自从跟了他，七年了，没享几天福，却少有怨言。为前程，为家人，杜甫什么不能干呢？

　　盼星星盼月亮，盼来朝廷一纸任命，派杜甫到河西县担任县尉。到长安这么多年了，这可是破天荒头一遭。县尉系实职，专管衙役、捕快，大致相当于现在的县级公安局长兼刑警队长。唐代县尉多由进士担任，京畿（jī）县尉职位尤重。县尉有油水的，灰色收入数不清，捉人放人都能搞钱。

　　但这等美差，杜甫却断然拒绝，为什么？高适也当过县尉，感触多，辞职了。长官面前，县尉是趴在地上的孙子，可他挥鞭猛抽老百姓，顷刻间又变成豺狼虎豹。杜甫宁肯要饭，也不向黎庶挥鞭。

　　杜甫继续采药度日。朝廷的任命，像吹过去的一阵风。

　　穷就穷吧……

　　753年（天宝十二年）的春天，杜甫在长安享受了一次视觉盛筵：他目睹一大群宫中丽人游曲江，踏青芙蓉苑。不知是偶遇，还是专程赶去看热闹。

　　三月三为上巳节，宫中佳丽鱼贯而出，曲江边上姹紫嫣红。杜甫写下七言排律《丽人行》：

三月三日气象新，长安水边多丽人。

态浓意远淑且真，肌理细腻骨肉匀……

　　杜甫接着描绘丽人们的服饰、她们吃腻的驼峰、迟迟伸不下去的犀牛角镶饰的筷子。笔锋一转，写杨国忠："后来鞍马何逡巡，当轩下马入锦茵……炙手可热势绝伦，慎莫近前丞相嗔！"

　　杜甫这首诗，讽刺了唐玄宗和杨贵妃。杨贵妃本名杨玉环，他父亲是蜀州的一个小官。公元736年，唐玄宗宠爱的妃子武惠妃病死，玄宗日夜寝食不安。听人说他和武惠妃的儿子寿王李瑁的妃子杨氏美貌绝伦，艳丽无双，于是不顾什么礼节，就将她招进宫里，杨妃懂音律，也很聪明，还擅长歌舞，很得玄宗欢心。为了掩盖自己夺儿媳的丑恶行径，唐玄宗让杨妃自己请求进宫做女官，住进南宫，又赐号太真。为了安慰儿子寿王，唐玄宗又给他娶了个妃子作为补偿。

后来，唐玄宗封杨妃为贵妃，贵妃的地位仅次于皇后，但这时候没有皇后，所以杨贵妃实际上就是唐玄宗的皇后了。玄宗对她恩宠备至，还称赞她是自己的"解语之花"。爱屋及乌，有了杨贵妃的关系，杨氏一族开始飞黄腾达。所以，当时民间竟有了生孩子希望生女孩，将来入宫做妃子以荣耀家族的观念。

为了讨贵妃的欢心，唐玄宗可谓费尽心机。为了迎合她喜欢服装的心理，有专门为贵妃服务的七百多人给她做衣服。杨贵妃爱吃新鲜荔枝，唐玄宗就派人从几千里外的岭南地区用快马传送到京城。为了让荔枝保持新鲜美味，官府在沿途设立了许多驿站，每到一个驿站换一次快马，然后接着往前飞奔，像传递紧急军事情报一般，以至于跑死了不少驿马。

有了杨贵妃，唐玄宗的奢侈之风越来越盛，大臣、贵族、宗室为了巴结皇帝，投贵妃所好，结果让她高兴的人都升了官，这又刺激更多的官僚贵族巴结逢迎，争献美味佳肴、珍异珠宝。

在妹妹的关系影响下，哥哥杨国忠也平步青云，一步登天，做上了唐朝宰相。杨贵妃的姐姐们也得到了实惠：大姐被封为韩国夫人，二姐被封为虢国夫人，三姐被封为秦国夫人。其他的兄长也有封赏，做了朝中的高官。杨国忠的权势无人能比，兄妹二人的辉煌时期也为日后的悲惨结局埋下了伏笔。

在杨国忠的专权下，整个唐朝开始混乱起来，可以说，唐朝转向衰落固然有唐玄宗的过失，但杨氏兄妹特别是杨国忠这个哥哥没有起到正面的作用，他的为非作歹，也没有给妹妹带来好运，反而把妹妹送上了不归路。

美丽并不是罪过，但美丽却是一个起因。杨国忠的一手遮天引起了朝政混乱。在暴雨造成灾害时，玄宗询问灾情，杨国忠却拿着大个的粟穗子给玄宗看，说雨大但没有影响收成。

下边有的官员报告灾情，请求救助，他大发雷霆，命令司法机关进行严惩。杨国忠能力不高，但喜欢胡乱处理朝政，正事做不好，坏事却很在行，接受贿赂、拉帮结派等应用自如。

朝政混乱影响了国家的经济。均田制在这个时期瓦解，税收急剧减少，但朝廷的花费却因为玄宗和杨贵妃的奢侈而逐渐增多，国库入不敷出。

政治的腐败还影响了军队的战斗力，因为招募的兵士都是一些无赖之徒。这些

▲唐朝时期的歌舞表演

人在后来玄宗发动的战争中不但没有夺得胜利，反而招致了更多的失利。

玄宗对于唐朝的危机丝毫没有察觉，反而向外发动了一系列的战争。政治腐败与黑暗，影响了将领的贪功求赏的欲望。为了挑起战争，并在战争中立功受赏，加官晋爵，边镇的很多将领肆意挑衅，使得边境战乱不断，玄宗的好战对此又是火上加油。

玄宗初期的边境安定局面又被打破了，最终导致了安史之乱，唐朝元气大伤。

754年，也就是杜甫在长安的第十年，杜甫终于谋得了一个小官职：兵曹参军，从八品，保管军用仓库的钥匙，被军官们呼来唤去，开门锁门。

可怜一代伟大的诗人，为了谋个职位，竟然花费了十年的艰辛。这个官职好处是有点俸禄，他不用去卖药了。门前喝酒，仓库里读书，倒也自在。余下一些银两，准备带给老婆孩子。

天宝十四年的秋末，杜甫赴奉先探亲。杜甫赴奉先，心情想必是愉快的，长安十年流浪，毕竟跻身仕途，少陵原上有个家。

他骑马，昼夜兼程，路过骊山行宫时，看到唐玄宗正带着亲信通宵达旦地寻欢作乐。

漫天飞雪夜归人，多么兴奋！进柴门却听见哀嚎声：他最小的儿子刚刚饿死。但是正是秋收时节，他大小还是个官，孩子竟然饿死，这对杜甫的刺激太大了。再联想到普通百姓，他们的生活该是如何痛苦。

　　杨氏痛哭，四邻抹泪，他这个做父亲的，老泪纵横心如刀割。

　　草草安葬了幼子，杜甫在奉先写诗，五百字一气呵成。《自京赴奉先县咏怀五百字》，这是中国诗歌史上的丰碑，"朱门酒肉臭，路有冻死骨"已经成了家喻户晓的警句。

　　杜甫在诗中感叹"穷年忧黎元，叹息肠内热"，整日整年地为老百姓而忧虑叹息，内心十分焦急，像火烧一样。他关心同情那些失去土地的农民和远戍边疆的兵士，为他们的生活和命运而忧虑。

　　杜甫有着忧国忧民的品质，他一方面是从自己一家的不幸遭遇，推想到所有老百姓的处境；另一方面是有着儒家的仁爱精神和兼济天下的思想，再加上对社会现实长期观察和深入思考的结果。

　　杜甫的思想成熟了，对他来说，裘马轻狂的生活已经变得很遥远，他已从那个时代的狂热骚动中清醒过来，已从唐玄宗统治的所谓太平盛世之下，看到了这个社会到处存在的各种矛盾、处处潜伏的严重社会危机，他更加同情和关心那些生活在艰难困苦中的百姓们，这是他在长安十年认识上的最大收获。

　　这些思想认识，在《自京赴奉先县咏怀五百字》一诗中，得到了充分的表现。在这首诗中，杜甫展示的各种社会矛盾和危机，也使人们看到了一个号称盛唐的庞大帝国大厦行将动摇的种种征兆。

　　这首诗是杜甫诗歌创作中里程碑式的作品，标志着他沉郁顿挫诗风的正式形成。这首诗也是唐代诗歌发展的里程碑式的作品。诗中把议论、抒情、叙事、写景很自然地融合在一起，思想的深刻、议论的精辟、感情的真挚深沉、叙事的准确凝炼、写景的真切动人、内容的错综复杂、构思的开阔而又精微、语言运作的精妙，这些在诗歌发展史上都是极为少见的。

　　杜甫以前的五言诗，主要是模仿魏晋时期的诗，内容风格比较朴实清远，篇幅一般都较短，而这首《自京赴奉先县咏怀五百字》却没有模仿魏晋诗歌。

　　此诗篇幅宏大，内涵丰富，风格沉郁顿挫，在诗歌创作中开辟了一个新的途径，因而被认为是杜甫诗歌中的大杰作。

# 第四章

# 艰难岁月

# 安史之乱

就在杜甫到奉先县探视家人并写作《自京赴奉先县咏怀五百字》的时候，爆发了"安史之乱"。公元755年（天宝十四年）十一月，身任平卢、范阳和河东三镇节度使的安禄山，谎称得到密旨，要讨伐杨国忠，在范阳（今北京西南）聚集15万兵马，发动叛乱。

◎节度使：官名。唐代开始设立的地方军政长官。因受职之时，朝廷赐以旌节，故称。节度使成为正式的官职，始于唐睿宗时代。

叛军自范阳率兵南下，很快就攻占了洛阳，安禄山自称大燕皇帝。第二年，唐军在潼关溃败，安禄山便长驱直入长安。唐玄宗匆忙南逃，走到马嵬驿（今陕西兴平），随行的将士在愤怒中杀死了杨国忠，又逼使玄宗绞杀杨贵妃，才肯继续起行，南下至四川。同时，太子李亨逃往灵武（在今宁夏境内），在郭子仪、李光弼等一班西北将领的支持下，即皇帝位，是为唐肃宗。

后来叛军内部发生分裂，安禄山为儿子庆绪所杀。唐军联同回纥援兵乘机反攻，收复了长安和洛阳。不久安禄山部将史思明杀安庆绪，重新攻陷洛阳，也称大燕皇帝，后又被儿子史朝义杀害。于是唐朝再借回纥兵，收复洛阳，史朝义自杀，这场持续了八年的"安史之乱"才告结束。但大唐王国的国力也开始由盛转衰了。

# ✳ 携家流亡 ✳

杜甫一家人，于天宝十五年的暮春加入逃难的人流。

杜甫跌入荆棘丛，摔伤了腿，步行艰难，老婆拉儿子推，半天前进一百米。眼看要落入胡兵之手，幸亏一个侄子，骑马奔出老远了，又返身寻他救他。如果侄子只顾逃命，杜甫凶多吉少。

一家人在陕西境内乱蹿，小女儿饿得大哭，惹来猛兽长啸，所幸难民人数多，猛兽也踌躇。

夏季雷雨大作，山洪又来了，很多人往树上爬，有胆小的，数日不下树，担心洪水突然袭来。

杜甫与杨氏拖着二男一女，泥泞中连滚带爬，到鄜州（今陕西富县）的羌村，这里群山环抱，才惊魂稍定。

玄宗"幸蜀"，跑到成都去了。皇权悬空，太子李亨急于上台，在宁夏灵武称帝，是为唐肃宗。

杜甫在逃难中吃尽了千辛万苦，好容易找到一个山村，把家安顿下来。正在这时候，他听到唐肃宗在灵武即位任用贤臣能将的消息，就离开家只身投奔肃宗。

杜甫走荒山过野岭，挥剑开路，躲避豺狼，跟猴子争野果。千辛万苦，白天走小路，半夜潜入官道急行军，还是被叛军捉去，押送长安。

长安当时已经陷落在安禄山的叛军手里，叛军到处烧杀抢掠，宫殿和民房在大火中熊熊燃烧。唐王朝的官员，有的投降了，有的被叛军解送到洛阳去。

杜甫被抓到长安以后，叛军的头目看他又老又瘦又脏，头发胡子白且乱，不像什么大官，审问他，也审不出一个所以然，就把他放了。他官小，名气小，没人认识他。而王维、郑虔等人反因知名度高，羁押在洛阳吃尽苦头。

公元757年（至德二年）的春天来了，沦陷的长安城仍然花开鸟鸣，但却是一片破败荒芜。安史之乱还没有平息，战争还在继续。

杜甫感伤时事，忧国忧民，也担忧家人。他写道：

国破山河在，城春草木深。

感时花溅泪，恨别鸟惊心。

烽火连三月，家书抵万金。

白头搔更短，浑欲不胜簪。

杜甫怀着沉痛的心情，看到春天来到的时候，虽然山河依旧，但是国家残破，国都萧条破败，荒芜无人，昔日繁华的街道上，草木疯长。

他感伤国事，以致看花的时候都觉得鲜花也在为他流泪，思念亲人，听到鸟啼，却更加担心受怕、心惊肉跳。

战争已经连续了好几个月，在这兵荒马乱的时候，一封家书变得非常珍贵难得，实在可以抵得上万两黄金。

他感慨自己历经战乱逃亡，又身陷长安，忧愁愤恨，身心劳苦，已是未老先衰。甚至由于他发愁时搔头，头发越搔越短，越来越少，简直插不了发簪了。

第二年，杜甫从长安逃了出来，打听到唐肃宗已经到凤翔（今陕西凤翔），就赶到凤翔去见肃宗。那个时候，杜甫已经穷得连一套像样的衣服都没有了，身上披的是一件露出手肘的破大褂，脚上穿的是一双旧麻鞋。唐肃宗对杜甫长途跋涉投奔朝廷表示赞赏，给他一个左拾遗的官职。

左拾遗是个谏官，其职责主要是为皇帝搜集部分信息，建言献策，职位低微，不过八品。唐肃宗虽然给杜甫这个官职，可并没有重用他的意思，杜甫却认真地办起事来，还因为宰相房琯的事差点丢了性命。

房琯，字次律，公元697年（唐神功元年）出生于洛阳一个仕宦家庭。长大后得到了宰相张说的推荐，玄宗李隆基便任命他为卢氏县令。

房琯到卢氏上任后，兴修水利，发展农工，深得当地人民的爱戴。但他上任不久，豫西地区便遭遇旱灾，很多饥民逃荒要饭。面对灾情，房琯心急如焚，连连上奏朝廷，请求开仓放粮。而此时唐明皇年事已高，雄心已退，整日沉湎于酒色之中，哪管百姓死活，放粮之事迟迟未见批复。

开仓放粮乃国之大事，未经朝廷恩准私动皇粮是要杀头的。眼看很多灾民就要饿死，房琯决心以一人之死换取万民同生，毅然下令全县粮仓同时开仓赈济灾民。灾民们见房县令冒死放粮，深受感动，不争不抢，秩序井然。仅一天时间，大部分灾民都分到了救命的粮食。

面对生死考验，房琯却谈笑风生。原来，他早已暗暗修好一道救民于水火的呈文，打算向朝廷奏明后自己投火自焚，以死谢罪。可就在第二天，他正准备派人送出呈文之际，圣旨已到：皇上下令，准予放粮。庆幸之余，房琯立即呈报了完成放粮任务的回复。朝廷接报后，认为房琯办事沉稳神速，不久便委以重任，调他入朝供职。唐肃宗时，房琯被任命为宰相。

没过多久，安禄山叛军来犯，房琯便向肃宗献出一计：征用2000头壮牛，驾着战车，在牛尾处悬挂鞭炮，炮响牛奔，以火牛阵击溃叛军。怎奈两军开战后，眼看牛车奔向叛军时，叛军一阵擂鼓呐喊，牛群畏惧，反而掉头回奔。唐军一时猝不及防，死伤过半，大败而退。

此次兵败后，房琯忙向唐肃宗请罪，唐肃宗未予追究，使一些朝臣对肃宗和房琯不满。房琯府上有一琴师叫董兰庭，深得房琯信任。适逢该琴师贪赃枉法被人抓住把柄，有人便向朝廷弹劾房琯，肃宗震怒，欲罢房琯宰相之职。

很早以前，在房琯尚隐居于陆浑山时，杜甫就曾拜谒过他，二人结下了深厚的友谊。杜甫听说肃宗欲罢免房琯之事后，没想着明哲保身，而是再三向肃宗上书建言，并辩说"罪细不宜免大臣"的道理，肃宗大怒，杜甫险些招来杀身之祸。公元758年5月，杜甫被降为华州司功参军，负责祭祀之类的小事。

## 重回长安

杜甫在《北征》和其他诗中一再表现的收复长安的愿望终于实现了。公元757年（至德二年）九月，唐肃宗的儿子、天下兵马元帅李俶，副元帅郭子仪率领唐军以及回纥、西域兵共15万人，在长安西边的香积寺一带与叛军大战，消灭叛军六万多，又乘胜追击，随即收复了长安。

唐军向长安推进、收复长安的消息先后传到羌村，杜甫听到后，真是喜出望外，写了《喜闻官军已临贼境二十韵》《收京三首》等诗，表达自己和长安人民一起分享胜利的喜悦心情。

十月，李俶、郭子仪率领唐军以及回纥兵向东进发，在陕城（今河南陕县）一带歼灭叛军主力十万余众，接着，又派兵追击叛军，直指洛阳。

谋杀父亲做了伪皇帝的安庆绪，昏庸懦弱，听到消息

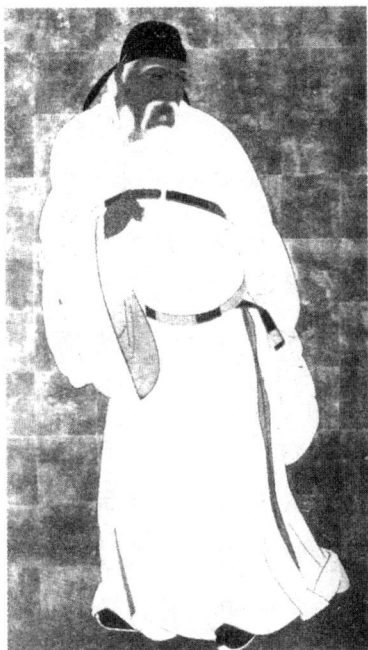

▲郭子仪

后，在唐军还没有到来之前，就率领残众逃离洛阳，逃到邺城（今河南安阳）。

十月十八日，李俶率军进入洛阳，受到了洛阳人民的夹道欢迎。但洛阳百姓很快又遭到了劫难。原来，回纥兵帮助唐朝平叛是有条件的，唐肃宗曾经与回纥签订协议，一旦攻破长安后，城中的财物归回纥所有。

进入长安后，回纥军准备大肆掳掠。李俶请求回纥统帅叶护先帮助攻克洛阳，再履行协议。现在，收复洛阳，回纥兵在城内城外大抢了两天，劫掠的财物不计其数。李俶毫无办法，只好眼睁睁任其妄为。

十月十九日，唐肃宗离开凤翔，二十三日回到长安。在

宰相张镐的率领下，唐军又收复了河南、河东的广大地区。

十一月，杜甫带着家人高兴地回到了长安，仍然在朝廷中担任左拾遗。十二月，太上皇唐玄宗也从四川回到了长安。

唐肃宗回到长安后，对那些追随唐玄宗到四川或跟从唐肃宗的有功人员和保持气节的官员进行了封赏。杜甫的好朋友苏源明，在长安沦陷后一直称病，坚持不接受安禄山的官职，因而被提拔为考功郎中。

同时，朝廷陆续追究那些投敌变节者的罪责，投降叛军的和接受安禄山政权伪职的官员，被分成六等，以公开处死、迫令自尽、杖打一百、流放、贬官等不同方式处置。

唐玄宗当初仓皇逃出长安，王维、郑虔、储光羲、李华等人跟朝中的许多人一样，当时并不知道情况，后来又无法逃离，就当了安禄山军队的俘虏，被迫接受了官职，于是现在都得到了处置。

王维虽曾经接受伪职，但他偷偷吃药，装成嗓子有病不能说话，在伪政权中不发表意见，又曾写过一首怀念唐玄宗的诗，再加上他弟弟是跟从唐肃宗的有功之臣，替王维说了一些好话，因而处分并不重，仅仅降了点职。

郑虔曾被迫接受伪职，后来虽然从洛阳偷偷地逃回到长安，但现在仍被贬为台州（今浙江临海）司户，相当于被流放。

杜甫认为对郑虔的处罚太重，十分同情他。在郑虔离开长安，起程到遥远的台州时，杜甫没能赶上为他饯行，就写了一首诗送给他。

这首《送郑十八虔贬台州司户》诗，写了生离死别的悲凉感受，感情深挚沉痛，从中可以看出杜甫对朋友的笃诚，不因为朋友落难而改变友谊。

杜甫刚回到长安时，是满怀希望的。叛军节节败退，两京接连收复，唐肃宗、唐玄宗先后回到长安，确实呈现出一派中兴气象。虽然是严寒季节，在杜甫看来，长安却处处透泄出春意。

他在《腊日》中写道：

腊日常年暖尚遥，今年腊日冻全消。

侵陵雪色还萱草，漏泄春光有柳条。

但回到长安后，唐肃宗把杜甫派到华州（今陕西华县）做个管理祭祀的小官。杜甫带着失意的心情，去了华州。

那时候，长安、洛阳虽然被官军收复了，但是安史叛军还没消灭，战争还很激烈。唐军到处拉壮丁补充兵力，把百姓折腾得没法过活。不过杜甫在长安时的心情还是比较好的。贾至、王维、岑参和杜甫都是属于两省（中书省和门下省）的同事，他们都是当时的著名诗人，在一起免不了要吟诗唱和。

杜甫官职虽不高，却可以在上朝时看到皇帝的尊容，还可以常常与宰相见面，发表意见。这些都让杜甫感到很高兴，认为可以为朝廷中兴干点事了。

◎唱和：本是指唱歌时一方唱、彼方和，后来"唱和"也用来指双方以诗词赠答。

他忠于职守，勤勤恳恳，有时候在门下省值班，一直从傍晚到深夜，又从深夜到第二天上朝，都不曾合眼，时时想的是第二天上奏的封事。封事是为防止泄密，用黑色袋子密

封的奏章。

杜甫每天提前出发，很早就上朝。处理公务总是尽心尽职，郑重其事。为了保密，回家前先避开人，焚毁奏章的草稿。他回家常常很晚，很多时候太阳落了才离开门下省。

以杜甫具有的强烈责任感、为朝廷中兴效力的迫切愿望以及当时写的一些诗看，杜甫一定上奏了不少意见、建议，但是似乎都没有得到唐肃宗的任何肯定或采纳。

杜甫在《题省中院壁》诗中说：

腐儒衰晚谬通籍，退食迟回违寸心。

衮职曾无一字补，许身愧比双南金。

"曾无一字补"——他的建议一个字都未曾被采用，还谈得上什么实现政治抱负呢？

唐肃宗进入长安以后，更加信任宦官李辅国和良娣张氏。先册立张氏为淑妃，不久又立为皇后。

李辅国被封为太仆卿。张李二人相互勾结，狼狈为奸，把持朝政，排除异己。唐玄宗回到长安后，李张两人不断在唐肃宗面前搬弄是非，挑拨唐玄宗和唐肃宗父子之间的关系，说唐玄宗想收买人心，说唐玄宗还有许多追随者，不可不防，使唐肃宗对父亲更加深了猜疑。

当时，安史之乱还没有平息，国家还没有从动乱中恢复过来，但是唐肃宗首先关心的是如何维护自己的统治，不容许自己的权威受到任何挑战，又加上李辅国和张氏的挑唆，朝廷又陷入了贤愚不分、相互倾轧的怪圈之中。

那些敢于表达真实想法的耿直之士，受到了排挤、打击；那些被认为是与唐玄宗关系密切的人受到了无端的猜忌，有的受到了疏远或贬谪。

不久前还和杜甫、王维、岑参一起作诗饮酒的贾至，被派遣到汝州任刺史。杜甫在诗中极力赞扬过的宰相张镐，因为劝谏皇上不要轻易相信史思明的假投降，惹怒了唐肃宗，被罢免宰相，降职为荆州防御使。这一切使杜甫的希望和抱负受到了严重的挫伤，他在诗中流露出了感伤、失意甚至有些颓伤的情绪。

◎张镐（？～764）唐朝重臣。字从周。今聊城市人。少有大志，精通经史。天宝末，官拜左拾遗，随从玄宗入川。肃宗即位，往辅之，拜谏议大夫，迁中书侍郎同中书门下平章事。劝肃宗"安养苍生"为要，勿信佛事。他奉命兼河南节度使，都统淮南等道诸军，讨伐安史叛军。他严明军纪，杖杀不听军令、逗留不进的将领；他密奏肃宗，劝其不要接受史思明的伪降，要提防滑州防御使许叔冀的叛乱。由于张镐淡泊名利，不事权贵，遂被宦官诬陷而被罢相。后来，史思明、许叔冀皆如张镐所言，果都叛唐。于是张镐又被召为太子宾客，左散骑常侍。代宗初，封平原郡公，任抚州刺史、江南西道都团练观察使等职。广德二年（764年）卒。他在政坛三十余年，一生清廉，不营产业，廉恭下士，善议而识大体。

他在《曲江二首》中写道：

一片飞花减却春，风飘万点正愁人。

且看欲尽花经眼，莫厌伤多酒入唇。

江上小堂巢翡翠，苑边高冢卧麒麟。

细推物理须行乐，何用浮荣绊此生。

朝回日日典春衣，每日江头尽醉归。

酒债寻常行处有，人生七十古来稀。

穿花蛱蝶深深见，点水蜻蜓款款飞。

传语风光共流转，暂时相赏莫相违。

从一片飞花，能让人感到花落春归的哀伤，那么风飘万点、落红满地就更使人悲伤哀愁了。凋谢的花朵似乎一一都从眼前飘落，春天要走了，令人无限伤感，那么，即使酒多伤人，也仍然不能不喝。

曲江边上一片荒凉，翡翠鸟在空堂上筑巢，在埋着古代贵族公卿的高大的陵墓前，石麒麟断裂倾倒在地。从春花凋谢和昔日繁华变为寂寞荒芜的景象推理，青春终究要消逝，功名富贵不会永恒，因此，不必为虚浮的功名所羁绊，应该及时享受人生的快乐。

上面第一首诗人是写伤春自慨，无可奈何，只好及时行乐。第二首写上朝无事可做，即使有言上奏，朝廷也不会采纳，因而他感到百无聊赖，下朝之后不惜典卖春衣，借酒浇愁，每天都酒醉而归，因此欠下了不少酒债。

人生极其短促，能活到70岁就已经很了不起；春光多么美好，但终究要流转消逝。不要辜负了大好春光，还是尽情喝酒，尽情享乐吧！在这两首诗中杜甫都表达了自己当时满怀的痛苦、哀伤和失望的心情。

杜甫的郁闷心情不止表现在这两首中，在其他诗中都有不同程度的流露。在《曲江对酒》中，可以看到杜甫整日地坐在曲江边，看着落花飞鸟，感叹"纵饮久判人共弃，懒朝真与世相违。吏情更觉沧州远，老大徒伤未拂衣"，他借酒浇愁，懒于上朝，真想拂衣而去，隐居江湖。

《倡侧行赠毕曜》则写了诗人当时的困窘和心中的不平之气。

诗中说，自己曾乘骑的一匹官马被官府讨了回去，出门就很困难了。自己贫穷买不起马，步行出门，会丢官府的脸，怕惹官长生气，只好安静地待在家里。

想上朝，但起床晚又碰上急风骤雨，东家答应借一头低劣的毛驴，可是，风雨泥泞，真不敢骑这样的毛驴去朝见皇上，只好赶快请假一天。

辛夷花刚开了几天，就已纷纷落了，生命是如此的短暂，想想自己和好友们都已经是过了壮年的人了。

诗人最后说："街头酒价常苦贵，方外酒徒稀醉眠。径须相就饮一斗，恰有二百青铜钱。"他不但写了年华易逝、抱负无处施展的抑郁愤懑，也无情地奚落了朝廷。

杜甫虽然政治上不得意，感伤忧愤，甚至发牢骚，但他从来没有忘记对国家民族的命运、对人民遭受的痛苦的关注。这个时期他写了《洗兵马》一诗，歌颂了被称为"中兴名将"的五位"豪俊"。

诗中对成王李俶、郭子仪、李光弼、房琯和张镐五位中兴名将一一进行了歌颂，用简要的语言刻画了他们各自的主要特征，赞扬了他们的杰出才能与功业，对他们寄予了深切的希望，表达了期盼天下太平、百姓团圆、安居乐业的愿望。杜甫认为在他们的努力下，安禄山的儿子安庆绪占据的邺阳很快就会被攻克，安史之乱很快就会平息。

诗中最后高喊："安得壮士挽天河，净洗甲兵长不用。"哪里能找得到力大无比的壮士，能够牵引来天河之水，把兵器洗干净而永远不再使用呢！杜甫盼望平息安史之乱、结束战争，盼望和平的强烈呼喊，也是广大人民群众的心声。

杜甫期盼政治清明、战乱平息的美好愿望并没有实现，前方的战火还在燃烧，叛军还相当猖狂，唐肃宗却在李辅国、张皇后的怂恿下，忙于排除异己，打击不同意见。

在罢免张镐的宰相之职并把他贬谪到外地后，又把房琯贬谪为邠州刺史。与房琯关系密切的刘秩、严武分别被贬为阆（làng）州刺史和巴州刺史。

◎放逐：即流刑，把判罪的人流放到边远地区。隋唐以来的五刑（死、流、徒、笞、杖）之一。

一年多前曾帮助杜甫逃出长安的大云寺僧赞公，也被放逐到秦州。

这几个人都是杜甫的好朋友，杜甫因此被看做是房琯的同党。

不久，也就是公元758年（乾元元年）六月，杜甫也被贬为华州（陕西华县）司功参军。杜甫从长安金光门出城前往华州，想起一年多前由此门逃出，投奔凤翔，感到无比的伤感。

在华州，他更多地看到了百姓们在战乱中的悲苦生活，看到了战争给劳苦大众带来了许多人间悲剧。

因此，他写出了自己的代表作、诗歌史上不朽名篇"三吏"（《新安吏》《石壕吏》《潼关吏》）和"三别"（《新婚别》《垂老别》《无家别》）。

# 三吏三别

杜甫担任的华州司功参军，主要管理当地的礼仪庆典、学堂教育、考试考核、医疗等事务。杜甫初到华州的时候，正是炎热季节，饭菜摆在面前也让人毫无食欲。

晚上虫子爬来爬去，白天苍蝇又多，需要处理的公文一件又一件，长官催得又急，杜甫内心十分郁闷烦躁，真想放声狂叫。

生活虽然枯燥繁杂，但杜甫仍然做了不少有意义的事，写了不少诗。他写了两篇重要的文章，一篇是《为华州郭使君进灭残寇形势图状》，陈述对当时形势的看法，认为可派兵从西北渡过黄河，深入敌后，避实就虚，攻下魏州等地，使叛军首尾不能相顾。另一篇是《乾元元年华州试进士策问五首》，涉及税收、交通、货币等问题，提出了一些很好的见解，这些见解又主要建立在考虑老百姓疾苦的基础上。

在华州期间，李嗣业率领安西兵马到前线与叛军作战，路经华州，杜甫看到了这支军队阵容强大，斗志高昂，很高兴，写诗希望他们能平息叛乱。

他还写诗对朝廷纵容回纥兵的错误政策进行了批评，对回纥兵带来的危害表示深深的忧虑。杜甫还写了一些游赏遣兴、怀念亲友的诗和咏马的诗，这些诗都寄托了他的伤世之感，表现了政治失意之后的抑郁感伤。

公元758年（乾元元年）冬末，杜甫离开华州，回洛阳探亲。自从洛阳陷落，至今已有几年未回了。一路上虽风尘弥漫，兴致却很高；遇到一些旧识新交，也颇得良趣。回乡总是令人兴奋的啊！在洛阳住了一段，公元759年（乾元二年）年初，杜甫回到了陆浑山庄。这里曾经被叛军占领，亲友邻居们都四散逃难，很少有人知道他们的消息。二月，杜甫从陆浑山庄回到洛阳，不久又动身回华州。

这次东都之行，途中拜访了阔别20年的卫八处士。身经大难之后，旧友重逢，恍如隔世，而亲情厚爱，一如当年。杜甫以朴实的文字记下了人生的美好情谊，这就是那首为人传诵的《赠卫八处士》：

> 人生不相见，动如参与商。
>
> 今夕复何夕，共此灯烛光！
>
> 少壮能几时，鬓发各已苍。
>
> 访旧半为鬼，惊呼热中肠。
>
> 焉知二十载，重上君子堂。
>
> 昔别君未婚，儿女忽成行。
>
> 怡然敬父执，问我来何方。
>
> 问答未及已，儿女罗酒浆。
>
> 夜雨剪春韭，新炊间黄粱。
>
> 主称会面难，一举累十觞。
>
> 十觞亦不醉，感子故意长。
>
> 明日隔山岳，世事两茫茫。

其言何浅，其情何深！

诗的开头四句，写久别重逢，从离别说到聚首，亦悲亦喜，悲喜交集。第五至八句，从生离说到死别。透露了干戈乱离、人命危浅的现实。从"焉知"到"意长"十四句，写与卫八处士的重逢聚首以及主人及其家人的热情款待。表达诗人对生活美和人情美的珍视。最后两句写重会又别之伤悲，低徊婉转，耐人寻味。足见杜甫是个深于情而诚于情的人，对于国家，对于百姓，对于亲人和朋友，总是那样的一往情深。

就在杜甫来往于华州和洛阳之间的时候，局势又变得严峻起来。原来，郭子仪、李光弼率领唐军把安庆绪围困在邺城之中，久攻不下。安庆绪派人向史思明求救，并向史思明许诺，愿意让位。

公元759年（乾元二年）二月，史思明在魏州自称"大圣燕王"，然后引兵南下，救援安庆绪。接近邺城时，史思明派出小股部队不断骚扰或袭击唐军，唐军一出击，叛军立刻退回；唐军一退，叛军又出营抄掠。

日夜轮番骚扰，弄得唐军心烦意乱。史思明还派部队伪装成唐军，专门袭击或抢劫唐军运粮的船只和车队，断绝唐军的粮道。围城的唐军得不到粮食，军心开始动摇。

三月初，唐军与叛军在安阳河北进行决战，两军正在进行激烈交战时，突然刮起大风，吹沙拔木，天昏地暗，几步之间就已看不清楚。

人马大惊，双方都溃散了，唐军向南方奔逃，叛军向北方奔逃。唐军损失惨重，战马跑散了三分之二以上，甲仗、兵器几乎丢弃光了。

消息传来，洛阳的老百姓惊恐不安，纷纷逃到山中躲起来。洛阳的官吏和守军也弃城而逃。溃散的唐军兵士，每经过一个地方，就大肆抢劫，地方官吏无法阻止。洛阳及周围广大地区陷入了一片混乱之中。

杜甫从洛阳回华州途中，亲眼看到了这种混乱的状况，看到了这场混乱中人民群众所遭受的苦难，于是写下了"三吏三别"这组著名的诗。"三吏三别"指的是《新安吏》《潼关吏》《石壕吏》《新婚别》《垂老别》和《无家别》六首诗。

《新安吏》写杜甫在河南新安县（在洛阳西）的一次见闻。杜甫路过新安的时候，听到一片喧叫，原来官吏正在按征兵名册点名。杜甫一看，应征的都是一些达不到年龄的少年，就好奇地询问是怎么回事。正在点名的新安县吏说："新安县县小人口少，适龄的男子都已被征调走了。昨晚，上级衙门连夜下了征兵的公文，要按次序征集不到年龄的中男。"

中男指的是十六七岁的男子。

杜甫疑惑地问道："这些中男都很矮小，哪里能担当起守卫洛阳的重任？"那几个长得壮实一点的男孩，还有母亲来送行；那些瘦小的男孩，孤零零的，没有一个亲人相送。到了傍晚，队伍开拔了。苍茫的暮色中，白水东流，悲惨的哭声在回荡，兀立的青山似乎也在哭泣。

杜甫抑制住内心的同情和悲痛，劝慰那些送行的母亲们："最好收起你们脸上纵横的泪水，即便哭干了眼泪，眼睛哭得干枯，露出骨头来，天地也不会同情你们。我军攻打相州，大家都天天盼望很快攻克。哪里想到敌情不易捉摸，我军败了下来，零乱的军营到处都是。新兵到洛阳

一带，主要是那里有军粮储备，方便于解决吃食问题，还可依赖过去修筑的工事。新兵在洛阳附近训练，劳役并不重，战壕挖得很浅，牧放战马，更是轻松。况且朝廷的军队平定叛乱是顺应天意民意，士卒会受到爱护照顾。送行的人又何必哭泣悲痛呢！名将郭子仪会像父兄一样地关顾这些士卒的。"

尽管杜甫对官府强行征调未到年龄的男孩入伍表示愤慨，对这些男孩和他们的家庭表示深切同情，但是，他仍然从平定安史之乱的大局出发，劝说人们应为平息叛乱作出贡献。

那时候，长安、洛阳虽然被官军收复了，但是安史叛军还没消灭，战争还很激烈。唐军到处拉壮丁补充兵力，把百姓折腾得没法过活。

有一天，杜甫经过石壕村（在今河南陕县东南），时间已经很晚了。他到一家穷苦人家去借宿，接待他的是老农夫妻俩。

半夜里，他正翻来覆去睡不着觉的时候，忽然响起一阵急促的敲门声。杜甫在房里静静听着，只听到隔壁那个老人翻过后墙逃了，老婆婆一面答应，一面去开门。

进屋的是官府派来抓壮丁的差役，他们厉声吆喝着，问老婆婆说："你家男人到哪里去了？"

老婆婆带着哭声说："我的三个孩子都上邺城打仗去了，前两天刚接着一个儿子来信，说两个兄弟都已经死在战场上。家里只有一个儿媳和吃奶的孙儿。你还要什么人？"

老婆婆讲了许多哀求的话，差役还是不肯罢休。老婆

婆没有法子，只好让差役把自己带走，到军营去给兵士做苦役。

天亮了，杜甫离开那家的时候，送别的只有老农一个人了。

杜甫亲眼看到这种凄惨情景，心里很不平静，就把这件事写成诗歌，叫《石壕吏》。

暮投石壕村，有吏夜捉人。老翁逾墙走，老妇出门看。吏呼一何怒，妇啼一何苦！听妇前致词："三男邺城戍。一男附书至，二男新战死。存者且偷生，死者长已矣。室中更无人，惟有乳下孙。有孙母未去，出入无完裙。老妪力虽衰，请从吏夜归。急应河阳役，犹得备晨炊。"夜久语声绝，如闻泣幽咽。天明登前途，独与老翁别。

《新婚别》是写一个刚成亲的新娘子送别丈夫上前线的内心痛苦和对丈夫的勉励。这对新婚夫妇成亲的第二天，新郎就被征调到前线去，新娘子为新郎送行，饱含泪水地控诉了战争给普通民众带来的苦难，表达了生离死别的巨大痛苦和无奈，她希望新郎为国家努力打仗、胜利归来。

诗歌一开始就引用了民间的说法："兔丝附蓬麻，引蔓故不长。嫁女与征夫，不如弃路旁。"接下来都是用新娘子的口吻说的："与你结发成亲，本来想天长地久，想不到昨天晚上才结了婚，席子在床上还没有沾点温暖，今天早上你就要开赴河阳前线，这真是太匆忙了！按规矩，结婚第二天要拜见公公婆婆，可是你一早就走，叫我如何去拜见他们呢？父母抚养我的时候，不让我随便出门抛头露面，直到嫁入你家。俗话说嫁鸡随鸡，嫁狗随狗，如今你要上战场，我真感到痛断肝肠，发誓要跟随你去，可看看这紧迫的情势，内心又慌乱起来。"

她鼓励丈夫:"勿为新婚念,努力事戎行。妇人在军中,兵气恐不扬。"她叹息家中贫穷,很长时间才置办了丝绸的嫁衣,丈夫走后,决意不再穿漂亮的嫁衣,也不再涂脂抹粉。最后,她又说:"仰视百鸟飞,大小必双翔。人事多错迕,与君永相望。"表示不管发生什么事情,做妻子的都一直会持守坚贞的爱情,等待丈夫的归来。

《垂老别》和《无家别》在写法上与《新婚别》相似,也是以诗中主要人物的口吻写成的。

《垂老别》写一个暮年从军的老人,他的子孙都已经全部在战争中牺牲了,现在他丢掉拐杖,穿上盔甲,也要上前线,于是痛苦地与年老病弱的妻子告别。

老妻拖着病弱的身子,无法站立,只好卧倒在路旁为他送行。明明知道这一去可能是永别了,妻子还勉励他多吃点饭,以保重身体。她说道:

老妻卧路啼,岁暮衣裳单。

孰知是死别,且复伤其寒。

此去必不归,还闻劝加餐。

老人只好宽慰妻子,唐军的据点是坚固的,叛军不容易攻破,现在的形势也比邺城之战时要好一些,即使战死,之前也还能对付一段时间。人生难免有聚有散,年老也一样会遇到聚散离合。

接着,老人又说:

万国尽征戍,烽火被冈峦。

积尸草木腥,流血川原丹。

何乡为乐土？安敢尚盘桓！

到处都在流血，到处都是灾难，哪里还会有安乐的地方呢？面对战乱和国破家亡，应该上战场拼杀，哪里能迟疑不进？但到真的要和老妻诀别，离开那破旧的茅草屋，心中又涌起了撕肝裂肺般的痛苦。

《无家别》写了一个邺城之败中溃散的士兵，侥幸逃回家乡，不久又被征服役，因为战乱中家破人亡，已无亲人告别，所以说是"无家别"。

此诗一开始就以这个士兵的自述，描写了安史之乱对农村的重大摧残，使田园荒芜，人烟绝迹："寂寞天宝后，园庐但蒿藜。我里百余家，世乱各东西。存者无消息，死者为尘泥。"这个士兵回到村里，到处都是空荡荡的，一片凄惨冷淡，连太阳看起来也是瘦弱无力的。

野兽在巷子里跑来跑去，狐狸竖起脊背上的毛对着人鸣叫。鸟儿留恋的是曾经栖息过的树枝，人总是留恋家乡，虽然家乡贫穷荒凉，仍然不会离开。那时正是春天，他扛起锄头，每天在地里干活。

县里的官吏很快知道他回来的消息，又让他到县里服兵役，入伍去操练军事。看看家里一无所有，没有什么东西可带，也没有亲人可以告别。孤身一人到县里服役，到远处去更不知道会落到何种地步！家乡既然已经空荡无存，远行近行还不是一样？最痛心的是长年卧病的母亲，在几年的战乱中，不知道何时去世的，也许去世后被草草丢弃在了山沟里。他生前没能好好侍奉母亲，死后也不能好好地安葬，想

起来真使人一辈子伤心。

最后士兵沉痛地感慨说："人生无家别，何以为蒸黎？"人生弄得连家都没有，哪里还算得是老百姓？这首诗写得极为悲痛愤懑，催人泪下。

"三吏三别"通过细致深入的观察，精细概括的笔触，形象地描绘了安史之乱中一群底层民众的痛苦遭遇，从而最真实地展示了安史之乱给整个民族造成的巨大苦难，也暴露了唐王朝对待人民的残暴行为。

从诗中我们看到，新安县已没有适龄的应征男子，只好强行征调不足年龄的男孩入伍；石壕村的老太婆，两个儿子已战死，另一个儿子还在前线，她自己仍然被强行派到军中服务；刚结婚的青年夫妇，第二天一早，新郎就要告别新娘到前线去；儿孙已全部牺牲在战场的老汉，还要告别年老病弱的妻子，从军参战；战败溃散归来的士兵，又一次被征入伍。

几乎每一个普通的老百姓，每一个普通的家庭，每一个村庄，都经历过生离死别，经历过逃亡流浪，都有亲人战死或杳无音信，到处流血流泪，到处充满了苦难和悲伤。这些生动具体的人物、事件和景象，连接在一起，就如实地展现了那个灾难深重的离乱时代的整体面貌，因而被称为反映安史之乱的"史诗"。

"三吏三别"中，一方面，杜甫对老百姓遭受的苦难充满了同情与哀痛，对那些官吏威逼民众、强行征调的残暴行为作了严厉的斥责，使我们感受到了他强烈的痛苦、悲悯和愤怒；另一方面，杜甫又表现出对时局清醒的认识，而不是一味地指责朝廷，一味地反对征兵，因为要使人民大众从苦难中摆脱出来，平息安史之乱，在当时只能依靠朝廷，只能依靠人民对朝廷的支持。这两方面在杜甫身上是相互统一的，因为在杜甫的思想深处，热爱人民，热爱民族，热爱国家是融为一体的。从"三吏三别"可以看到杜甫诗歌创作的一个重要特点，那就是能够把强烈的感情与清晰的理性思考结合起来。

"三吏三别"继承和发扬了汉乐府诗歌的写实精神和手法。汉乐府诗歌往往抓住现实中具有震撼力的事件或生活细节，用极为浅易而生动的语言，展示社会现实问题。"三吏三别"创造性地继承了这种写法，以精炼的笔墨，一首诗集中描绘一件事情的一个场景，每件事情又都是一幕人间悲剧，通过这些事情，生动地展示了安史之乱中人民群众承受的巨大痛苦和唐王朝政治制度存在的诸多问题。在手法上，"三吏"把叙述和问答结合在一起，"三别"主要以送别或告别的口吻来写，都或多或少有汉乐府的影响。但"三吏三别"在叙事中夹带议论，在描绘具体场景或细节时，十分注意遣词造句，精心锤炼，同时关照到当时的整个政治局势，这些方面又超越了汉乐府诗歌。

# 第五章

# 西南漂泊

# ✺ 逃难成都 ✺

　　杜甫从洛阳回到华州以后，仍然时时忧虑动荡的局势和苦难的人民，但似乎对唐肃宗和朝廷中把持大权的重臣们已失去了信心。他在那一年夏天写的《夏日叹》一诗中，就明确地表达了这种心情。

　　那一年，关中大旱，造成严重灾荒，灾民到处逃荒，流离失所。《夏日叹》的前半部分主要写这次旱灾，后半部分写战乱，并对天灾人祸表达了自己的感慨。

　　诗中说，久旱无雨，田地里干旱得尘土飞扬，湖泊池塘都干涸了，飞鸟缺水而死，鱼儿干涸而死，成千上万的灾民逃荒流散，一片荒凉景象。

　　这个时候，河北一带仍然被安史叛军占据，叛军就像豺狼虎豹，凶暴横行，残害人民，而朝廷军队连影子都看不见。想到这些，杜甫心中十分沉痛，连饭都吃不下。

　　杜甫认为天灾人祸都与朝廷的政策失当和腐败无能有关。他说："眇然贞观初，难与数子偕。"拿贞观之治与现实作比较，显然唐肃宗不可能像唐太宗那样平定和大治天下，唐肃宗身边的那些大臣，也无法与贞观年间房玄龄、杜如晦、魏徵等名臣相比。现在的朝廷是令人失望的。

　　旱灾接着饥荒，在华州的生活十分艰难，现实政治又是如此让人失望，司功参军的职务也不能做什么实质性的工作，更谈不上施展自己远大的政治理想了。

　　于是，在立秋后不久，杜甫毅然放弃了华州司功参军的职位，开始了他常年漂泊不定的生活。

那年，虽然关中大旱，但秦州（今甘肃天水）一带雨水却比较充足，庄稼长势不错，收成应当不成问题。杜甫的从侄杜佐居住在秦州城东的东柯谷，他的朋友僧人赞公遭到放逐，也居住在秦州的西枝村。

于是杜甫决定带着全家到秦州去。刚到秦州的时候，杜甫一家就住在东柯谷，那里山谷很深，有着数十户人家，藤蔓爬满了房头，清澈的溪水从山岩中渗透出来，翠绿的竹子倒映在溪水中，地里可以种小米，向阳的坡地上适于种瓜。不久，他去西枝村拜访僧人赞公，觉得西枝村也是很适合自己一家人居住的地方。

夜晚，杜甫就住在赞公的土室里。白天，赞公陪伴着他，寻找可以建构草堂的地方。找来找去，觉得村西的西谷整日都有阳光，气候暖和，土地肥沃，长满了杉树、漆树，很适合定居。但最终杜甫并没有搬到这里来，而是暂时寄居在秦州城。

辞官来到秦州，杜甫似乎对隐居生活发生了兴趣。他与隐士阮昉成了好朋友，并写诗赞扬了阮隐士粪土富贵、避俗隐居的品格。阮隐士会不时给予杜甫生活上的接济。

杜甫写的《遣兴五首》，对历史上几个著名的隐士表示了深深的崇敬和向往，五首诗分别写了诸葛亮、庞德公、陶渊明、贺知章、孟浩然五位隐士。

杜甫还写了《佳人》一诗。杜甫很少有专篇写美人的诗，这首诗却描写了一个品格高贵的绝世美人。

这个美人出身官宦人家，安禄山的叛军攻破长安时，兄弟们都被杀死了，连尸骨都收不回来。她的丈夫是个轻薄子弟，喜新厌旧，无情地抛弃了她。现在她独自一个人居住在幽静空寂的山谷中。这个女子孤高清雅，虽然生计拮据，不得不让侍婢变卖珠宝，换取米粮；有时屋漏，只好牵扯藤萝来补缺，但她的品质有如山泉之清，坚持隐居，"摘花不插发，采柏动盈掬。天寒翠袖薄，日暮倚修竹"。美人清寒孤寂，却美丽脱俗，追求馨香贞洁，持守高风亮节，像香柏、翠竹一样。

这个佳人的形象实际上寄寓了诗人自己的遭遇和志趣，虽历经变乱，生活艰难，却始终能保持一颗热爱民众、关心国事之心，哪怕孤独寂寞，也不会改变高洁贞纯的心志。

秦州是个边防重镇，邻近吐蕃，当地汉族和少数民族杂居互处。这里崇山莽莽，地势高峻。新鲜有趣的边塞风俗和光景，让杜甫诗兴大发，也时时激起他对边防危机的忧虑和强烈的爱国之情。

杜甫的诗中写到了悲风、朔风、浮云、穹庐、烟火、烽火、牛羊、骆驼、胡雁、降虏、鼓角、胡笳、羌笛、戍鼓、羌童、羌女、羌妇、胡儿等边疆风物，使杜甫诗中出现了一股新奇的边塞气息。

当时的秦州，唐军与吐蕃军队之间常常发生战斗，双方互有胜负，因此那一带气氛很紧张。有时候，深夜也能听到鼓角声，时时能看到烽火警报，听到战斗的消息。

杜甫对朝廷政治和平叛前线的局势更是忧心忡忡，担心战事反复，朝廷军队失利。他觉得自己就像立在遍山秋草中，向着满天浮云长声哀鸣的战马一样，"哀鸣思战斗，迥立向苍苍"（《秦州杂诗二十首》），空有平息安史之乱和报国立功的壮志，却无法实现。

在秦州时，杜甫彻底摆脱了公务的羁绊，闲暇的时间较多，有了更多的机会去观察大自然和社会中的各种人与事，从而写下了一批咏物诗，比如有《归燕》、《促织》、《萤火》、《蒹葭》、《苦竹》、《除架》、《初月》、《废畦》、《病马》、《蕃剑》、《铜瓶》等，这些诗有的赞叹，有的悲悯，有的痛惜，有的怀思，有的慰藉，有的嗔怪，有的讽刺，有的嘲笑，有的劝诫，有的议论，都寄寓了杜甫的思想和情感。

在秦州，除了从侄杜佐、僧人赞公和阮隐士外，杜甫很少与其他人交往，有时觉得十分孤独寂寞，因而更加思念远在异地的亲人和朋友。

杜甫在秦州的时候，他的几个弟弟散居在河南、山东。那一带当时处于战乱之中，战事不断，道路阻隔，音信不通，生死不明，令人焦虑。

每当夜晚，秦州戍楼上的更鼓敲响，实行宵禁，不准人们通行，只听到失群孤雁的叫声，杜甫更加想念久不通音信的弟弟们。

到了白露这一天，他的思念之情倍加强烈，因而写了《月夜忆舍弟》一诗：

◎白露：二十四节气之一。从这天起，气温开始下降，天气转凉，早晨草木上有了露水。每年公历的9月7日前后是白露。

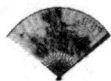

露从今夜白，

月是故乡明。

有弟皆分散，

无家问死生。

边境月夜，思乡思亲，弟兄离散，天各一方，生死未卜，诗写得伤心沉痛。杜甫给弟弟们寄了书信，但长时期没有得到回信，战乱又一直未能止息，更叫他牵肠挂肚。

杜甫思念那些好朋友，便写诗怀念他们。他写诗怀念远谪台州的郑虔，想象郑虔处境的恶劣，行动受到限制，有如落到罗网中的兔子一样，死活任由他人摆布。即使有一天被召回，恐怕年老病弱的郑虔也记不起回家的路了。

他对郑虔坎坷的遭遇给予深深的同情，真挚的友情像是从肺腑中流泻出来。杜甫得知高适被贬为彭州（今四川彭县）刺史，岑参在虢州（今河南灵宝县南）任长史，就写诗寄给他俩。诗中说：

故人何寂寞，今我独凄凉。

老去才难尽，秋来兴甚长。

物情尤可见，词客未能忘。

海内知名士，云端各异方。

这首诗表达了对两位朋友的深切怀念，还称赞两人的诗可以比得上沈约和鲍照，希望两人挑起"济世"的责任来。最后他盼望平息安史之乱，三人再相聚，一起评论诗文。

杜甫还写了一首长诗寄给贾至和严武。当时，贾至在岳州（今湖南岳阳）任司马；严武因为被列为房琯的同党，被贬为巴州（今四川巴中）刺史。

诗中说朋友们都命运坎坷，被贬谪到偏远之地，得不到皇上的恩泽。杜甫回忆了他们一起在朝廷为官的情景，说两人都是雄俊杰出的人才，终究有一天会大展宏图。

曾经和杜甫、高适、岑参一起登过大雁塔的薛据当了司议郎，好朋友毕曜当了监察御史。杜甫知道这些消息后，写诗祝贺他们，希望两人能为救时济世、平息叛乱建立功业。

杜甫尤其怀念李白。自14年前两位诗人在兖州分别后，李白又开始了长时期的漫游，游历了很多地方。

安史之乱发生后，为了避乱，李白到了江南，最后上了庐山。当时，唐玄宗在逃往成都途中，任命太子李亨为天下兵马大元帅，李亨的弟弟永王李璘为广陵大都督，负责长江中下游一带的防务。

李璘随即集结军队，准备北上打击叛军，收复失地。公元757年（至德二年）正月，李璘的军队经过浔阳（今江西九江）时，派人三次上庐山征召李白。李白出于爱国热情，出任了李璘的幕府。

李白觉得施展政治抱负的时候到了，自比东晋时候的谢安，在谈笑之间就可以平定叛乱。但是，他并不知道自己已经掉进了一个可怕的政治旋涡之中。

原来，在唐玄宗任命李亨为天下兵马大元帅、李璘为广陵大都督的前几天，李亨已经自行登上皇位。

唐肃宗李亨认为李璘拥兵自重，出兵北上，实际上是与自己争夺皇位，是叛乱行为。因此，唐肃宗下令讨伐李璘，任命高适为扬州大都督府长史、淮南节度使，统兵围攻李璘。

公元757年（至德二年）二月，李璘兵败自杀。李白从丹阳（今江苏丹阳）逃到彭泽（今江西湖口县东），在那里，被扣上"附逆"罪，投入监狱中。

不久，被流放夜郎（今贵州遵义一带），路上走了十几个月。公元759年（乾元二年）三月，李白到了巫峡时，得到了赦免，便从长江乘舟东下，直下江南。

杜甫在秦州知道李白被流放，听到有关李白的各种各样的传闻，却不知道李白已被赦免，因此非常担忧，连续几个夜晚做梦都梦见了李白，于是写了《梦李白二首》。

第一首诗说：

死别已吞声，生别常恻恻。

江南瘴疠地，逐客无消息。

故人入我梦，明我长相忆。

恐非平生魂，路远不可测。

魂来枫林青，魂返关塞黑。

君今在罗网，何以有羽翼？

落月满屋梁，犹疑照颜色。

水深波浪阔，无使蛟龙得！

生别和死别都令人痛苦，但生别后的生死未卜，更让人牵挂，时时忧愁伤痛，无休止地折磨人。对李白的思念，就是这种生别的痛苦煎熬。李白被放逐到湿热多疫病的江南后，一直没有消息，真叫人牵肠挂肚。

李白似乎知道杜甫的苦苦思念，因而来到了杜甫的梦境中，与老朋友见了面。但在梦中，杜甫感到恍恍惚惚，怀疑见到的是不是活着的李白，相距千里，难以确定。

夜晚，李白的魂从江南的枫树林，飞到了秦州与杜甫会面，又从黑沉沉的秦陇关塞返回江南。杜甫不禁又产生疑问，李白既然身陷罗网，又怎能长出翅膀来往飞翔？梦醒过来，西斜的月光洒满了屋子，梦中李白的容貌，好像一直浮现在月光中。杜甫最后叮嘱李白的魂魄，返回江南途中，一定要小心路途艰险，水深浪阔，不要被害人的蛟龙捕捉到。

这里，既是对梦境的记述描写，也是对现实中身处危境的李白的担忧，担心李白逃不出官府中那些想置李白于死地的"蛟龙"们的魔爪。

这份对李白的深深担忧和思念，使杜甫一连两个夜晚都梦见了李白。因此，第二首诗写道：人们说，天涯游子像是天上的浮云，但浮云整日在空中飘，抬头就能见到，游子李白却长久见不到了。但连续三夜，杜甫和李白都在梦中见了面。梦中李白与杜甫告别回返的时候，总是匆匆忙忙，又依依不舍，说："来见一趟朋友真不容易，江湖险恶，风波汹涌，不小心就会翻船落水。"李白临别时搔搔白头发，似乎在表示没有实现平生远大抱负的惋惜心情。

杜甫接下来写道：

冠盖满京华，斯人独憔悴。

孰云网恢恢？将老身反累。

千秋万岁名，寂寞身后事。

意思是，如今京城长安到处都是高冠华盖的达官贵人，唯独李白这样有着伟大抱负和才华的人，却身陷牢狱，憔悴困苦。老天爷的大罗网不去捕捉那些坏人，却把李白这个59岁的将老之人逮捕起来。尽管可以断定，李白死后将会享有千秋万岁的盛名，但是这对生时不幸，死后寂寞无知的李白，又有什么用呢？

这是杜甫对李白诗歌不朽价值的深刻认识和极力推崇，

是对李白身世坎坷、遭遇不公的巨大同情，同时也是对自己艰难命运的感叹。

这两首诗写魂写人，写梦写真，似梦非梦，似真非真，亦梦亦真，使人感到恍惚不定，但杜甫怀念李白的亲情苦意，却在这惝恍迷离的境界中，得到了最为真切生动的表现。前人评价说，千古以来，朋友间的交情，这两首诗中写到的可以说是最为深挚了。

但如果没有杜甫极淳厚的性情，就不能有这种深挚的友谊；没有杜甫这两首极深刻动人的诗歌，就不能表现这种伟大深厚的友情。

在写了《梦李白二首》后不久，杜甫又写了《天末怀李白》。杜甫根据李白被流放到夜郎的消息，揣想李白往西到夜郎的途中要经过湖南一带，就很自然地把李白和屈原的不幸遭遇联系起来。诗中说：

凉风起天末，君子意如何？

鸿雁几时到，江湖秋水多。

文章憎命达，魑魅喜人过。

应共冤魂语，投诗赠汨罗。

秋风萧瑟，远隔万水千山，杜甫更急切希望得到李白的音信，忧虑李白经过潇湘洞庭时波高浪急，会有风险。想到李白的命运，也想到自己，杜甫发出了深重的感慨：有才华的人命运总是坎坷不幸，杰出的诗文总是和一个人的好运无缘；行人经过，魑魅总是很喜欢，那样，它就可以吞噬行人了。人世间的魑魅并不比江湖中的魑魅少。

李白含冤受屈，正同屈原一样，经过汨罗江时，应该投诗给屈原的冤魂，倾诉冤情。这首诗实际上是把中国历史上的三个大诗人联系在一起了。

在得知李白遇赦东归的消息后，杜甫又写了篇幅更长的《寄李白二十韵》，高度评价了李白的诗歌创作，赞扬李白"笔落惊风雨，诗成泣鬼神"，名满天下。他又满怀深情地写了李白受李璘事件牵连的不幸遭遇，以及遇赦后的孤寂衰老的景况。

▲李白

全诗充满了对李白的崇敬和思念。

杜甫在秦州的时间大约有三个多月，时间并不长，却写了八十多首诗，成为他创作生涯中的一个新高峰，这应该是和辞官以后有较多的闲暇和较自由的心境有关。

杜甫的秦州诗都是五言诗，其中五律有四十多首，特别是组诗《秦州杂诗二十首》等五律，比起以前杜甫的五律，内容更加丰富多彩，形式上更加谨严，风格更为苍劲峭拔。

杜甫在秦州的三个多月中，又陷入了贫病交加的困境中。多年的疟疾一直未见好。

生活十分困难，无食无衣，他不得不写诗给杜佐，希望他能够给予接济，分一些黄粱和白韭。阮隐士送给他韭菜十束，他立即写了一首诗表示感谢。

杜甫还到山野中采药，用卖药所得换取食物。但亲友的接济毕竟有限，自己又身体衰弱，无力谋生。这时，同谷（今甘肃成县）县宰来信邀请杜甫到那里去。

杜甫也听说同谷气候凉爽，草木繁茂，山水优美，良田肥沃，有很多野生的山药、脆嫩的冬笋，可以采集来食用，野蜂在山岩中酿造的石蜜，也比较容易采集。这些情况，对处在穷困中的杜甫来说，具有很强的吸引力，于是杜甫决定到同谷去。

公元759年（乾元二年）十月的一天夜晚，杜甫一家人在星月分明、云雾苍茫的半夜，离开秦州到同谷去。

一路上，经过赤谷、铁堂峡、盐井、寒峡、法镜寺、青阳峡、龙门镇、石龛、积草岭、泥功山、凤凰台等地。每经过一个地方，杜甫就写下一首诗记述途中的所见所闻，路途的艰险、跋涉的艰难困苦，都一一被生动逼真地描写下来。

到了同谷县后，那个县宰并没有兑现邀请信中的许诺，没有帮助杜甫，杜甫一家人陷入了更大的困难之中。

此时的杜甫形容憔悴，一头蓬乱的白发，杂乱地垂过两耳，冒着严寒，从早到晚在山中捡橡子，回来作为食物充饥。还到山上挖黄独。黄独又叫土芋，是一种野生植物，结的块茎煮熟或蒸熟后可以食用。但漫山遍野都是积雪，黄独的叶子都被掩埋了，不容易找到。

杜甫穿着夏天的单衣，无法御寒，不时拉扯衣服，也遮不住腿，手脚冻得干裂，皮肉冻得失去知觉。奔忙一天，一无所获，空空而回。没有吃的，妻子和小孩饥饿难忍，不断呻吟。邻居也为杜甫一家的境遇感到忧愁，悲凉的寒风，似

乎也在同情杜甫一家的遭遇，从天上呼啸着刮来。

杜甫一家人几乎陷入了绝境之中，这时，杜甫更加思念流离四方的弟弟妹妹们。

安史之乱五年来，他的三个弟弟流落在山东、河南等不同的地方，无法见面。杜甫感慨自己不知将流落到哪里，会死在哪里，恐怕将来弟弟们找不到他的骸骨。杜甫的妹妹远在钟离（今安徽凤阳），丈夫早已死去，儿女都还年幼无知，已十多年没有见面，更令人牵挂。

同谷环境恶劣，寒风凄冷，黄蒿满眼。杜甫希望春回大地，同谷的山水恢复清秀的美好姿容。杜甫也深深感慨自己功业未就，漂泊荒山，饥寒交迫。

杜甫在同谷的困境、对弟妹们的思念、自己的感慨喟叹，都被他写到了《乾元中寓居同谷县作歌七首》这一组诗中，其中第一首写道：

有客有客字子美，白头乱发垂过耳。

岁拾橡栗随狙公，天寒日暮山谷里。

中原无书归不得，手脚冻皴皮肉死。

呜呼一歌兮歌已哀，悲风为我从天来。

杜甫在同谷住了个把月，无法生活下去，决定离开同谷到成都去，因为当时成都比较安定，物产丰富，那里还有一些朋友。

公元759年（乾元二年）十二月一日杜甫离开同谷，他写了《发同谷县》一诗，说明了因为生活陷入绝境，不得不开始了一年之中的第四次迁徙。

他在诗中感叹："奈何迫物累，一岁四行役。"

"四行役"指的是从洛阳回华州，从华州到秦州，从秦州到同谷，现在又从同谷到成都。如此在路途上不断奔波，实在是无可奈何。

从同谷到成都，经过木皮岭、白沙渡、飞仙阁、五盘岭、龙门阁、石柜阁、桔柏渡、剑门关、鹿头山，年底终于到了成都。像从秦州到同谷一样，这一次杜甫也是每经过一个地方，就写一首诗，记述沿途的见闻。

他真正领略到了蜀道的雄奇艰险，比起蜀道来，他曾攀登过的泰山和遥望过的嵩山、华山，真不算什么了。木皮岭的高峻，龙门山栈道的险绝，剑门关的险要壮伟，都使杜甫感到惊心动魄。有时候，早开的花朵，江中的奇石，巢居的野人，淳朴的风俗，又使杜甫觉得心情舒畅。甚至觉得到成都后会有好运气，什么事情都会好起来。

杜甫一家人，走了整整一年才走到成都。当时的成都，号称十万户，实际人口在二十万左右。繁华仅次于扬州，民间有"扬一益二"的说法。成都又称益州。安史之乱，扬州也遭到破坏，而成都远离战火。唐玄宗曾经往那儿跑，现在杜甫对它寄予莫大希望。

次年春，成都西郊浣花溪畔的草堂落成，这就是著名的杜甫草堂，眼下在成都，与纪念诸葛亮的武侯祠齐名。

有个表弟叫王十五的，在蜀中做官，他资助杜甫。高适在离成都不远的彭州做刺史，也常来草堂走动。

杜甫的朋友们赠树送花，草堂收拾得很舒服，一派勃勃生机。杜甫这个人，一旦有了喘息之机，快乐就来照面，诗心随之萌动。且看他描绘春雨：好雨知时节，当春乃发生。

随风潜入夜，润物细无声……晓看红湿处，花重锦官城。

杜甫在成都，靠朋友资助度日。老妻幼子皆自在，不复为柴米操心、因饥饿啼哭。何谓好日子？眼下就是好日子，一家子，一个都不少，还有吃有穿，有庭院，有"锦江春色来天地"，有"无赖春色到江亭"，有"细雨鱼儿出，微风燕子斜"……

杜甫离开了开元天宝的盛世，也离开了洛阳和长安，草堂的四邻没有亲戚，没有旧友，和杜甫一起来往的都是些落魄的文人和不知名的田夫野老：北邻是一个退职的县令，爱酒能诗，常常踏着蓬蒿来访；南邻有朱山人曾经留杜甫在他的水亭中饮酌，还有卖文为生的斛斯融也是他的酒伴；在春天，黄四娘家的万花盛开，把树枝都压得低低垂下；此外野人赠送樱桃，邻家的美酒小孩子在夜里也能赊来；到了寒食，大家聚在一起，是这样快乐。

这都是杜甫的新朋友，他们真实、朴质，彼此没有嫌猜，给思乡忆弟、愤激多病的杜甫不少的安慰。

一位崔县令前来草堂拜访，杜甫喜出望外，便写了《客至》诗一首：

◎寒食：即寒食节，亦称"禁烟节""冷节""百五节"，在夏历冬至后一百零五日，清明节前一二日。这一天禁烟火，只吃冷食。

> 舍南舍北皆春水，但见群鸥日日来。
>
> 花径不曾缘客扫，蓬门今始为君开。
>
> 盘飧市远无兼味，樽酒家贫只旧醅。
>
> 肯与邻翁相对饮，隔篱呼取尽余杯。

细读杜甫这些在成都写的诗，真为他感到高兴。大难不死有后福，幸福只在粗茶淡饭间。谢谢他的朋友们，左邻右舍，王县令、朱山人、不期而至的崔县令、高刺史，多亏他们的馈赠，诗人得以安居，为后人留下不朽的诗作。"花径不曾缘客扫，蓬门今始为君开。"想想他洒扫庭院、竖着耳朵听敲门的模样吧。诗人如此幸福，我们几乎眼含热泪。

杜甫一生崇拜诸葛亮，在成都，自然要拜访武侯祠。他写《蜀相》，令其他赞美诸葛亮的诗人望尘莫及。

丞相祠堂何处寻？锦官城外柏森森。

映阶碧草自春色，隔叶黄鹂空好音。

三顾频烦天下计，两朝开济老臣心。

出师未捷身先死，长使英雄泪满襟。

杜甫闲居草堂两年多，佳作有如锦江春水。他加以总结，自己做自己的评论家："为人性僻耽佳句，语不惊人死不休。老去诗篇浑漫与，春来花鸟莫深愁……焉得思如陶谢手，令渠述作与同游。"

在他开始经营草堂时，他也不曾放弃过顺江东下的念头。但是东都没有收复，乡关充满胡骑，弟妹的消息长期隔绝，他怅望云山以外的长安、洛阳，在风色萧萧的夜晚只空空地感到"万里正含情"。想到这里，草堂四围的幽花小鸟再也

▲成都武侯祠内诸葛亮塑像

维系不住他的心情，他的悲感又像是脱却缰鞍的马一般，在平野里奔腾起来，发出悲壮的声音：

> 洛城一别三千里，胡骑长驱五六年。
>
> 草木变衰行剑外，兵戈阻绝老江边。
>
> 思家步月清宵立，忆弟看云白日眠。
>
> 闻道河阳近乘胜，司徒急为破幽燕！

并且他请名画家韦偃在他的草堂东壁上画出两匹雄赳赳的骏马，好像是他心情的写照。

为了生计，也不能不和另外一些友人周旋。他的家庭虽然没有在秦州和同谷时那样饥寒交迫，但是孩子们还是面色苍白，有时甚至饿得愤怒起来，向父亲要饭吃，父亲没法应付。他初到成都时，仰仗一个故人分赠禄米，一旦这厚禄的故人书信断了，他一家人便不免于饥饿；他给唐兴县令王潜做《唐兴县客馆记》，随即一再寄诗给他，希望王潜给他周济；侍御魏某骑马到草堂给他送来买药的代价，他也得做诗酬答。这都足以说明，草堂周围的农副产品不能养活杜甫的一家人，杜甫仍然要——

> 强将笑语供主人，悲见生涯百忧集！

这时海内多难，武臣都做了高官，各处的小军阀割据地方，日趋跋扈。成都的武人也是这样，他们声势赫赫，出入锦城，有的宾朋满座，任侠使气；有的暴戾专横，无恶不作。杜甫和这些人也不得不勉强周旋。

761年4月，梓州（今四川三台）刺史段子璋赶走绵州（今四川绵阳）的东川节度使李奂，自称梁王，改元黄龙，以绵州为黄龙府。成都尹崔光远在五月率西川牙将花敬定攻

克绵州，斩段子璋。花敬定觉得自己杀子璋有功，在东川任意抢掠，妇女有带着金银镯钏的，他的兵士们都把她们的手腕割下夺取镯钏，乱杀数千人。

花敬定每逢宴会，常常不遵守当时的制度，用朝廷的礼乐。一个这样残暴而僭妄的武人，也使杜甫写出两首名诗：《戏作花卿歌》与《赠花卿》，尤其是后一首：

锦城丝管日纷纷，半入江风半入云。

此曲只应天上有，人间能得几回闻？

这绝句有人解释为语含讽意，说花敬定私人宴会不该用代表国家的礼乐，也可以理解为对花敬定的颂扬，但无论如何，我们读起来总觉得诗和人是很不相称的。

崔光远不能制止花敬定的暴行，忧愤成病，死于761年10月。

12月，朝廷派严武为成都尹，兼剑南两川节度使。严武未到成都时，高适代理了一两个月。高适于760年前半年为彭州（今四川彭县）刺史。

严武于759年为巴州（今四川巴中）刺史，后入京为太子宾客兼御史中丞，761年年底才来到成都。这两个人，一个是梁宋漫游时的旧友，一个是房琯的同党，如今成为草堂里最受欢迎的客人。也只有他们的资助，杜甫在接受时才觉得不是使他感到无限辛酸的恩惠，而是由于友情。760年，高适未离彭州时，杜甫就很坦白地向他求过援助。

不久高适改任蜀州（今四川崇庆）刺史，杜甫在这年深秋，到蜀州拜访他，天涯相见，更觉情亲，他得到机会一再游览蜀州附近新津、青城等地的山水，并且在761年的春天重到新津县时，写出这样的名句：

> 寺忆曾游处，桥怜再渡时，
>
> 江山如有待，花柳更无私。

——《后游》

崔光远死后，高适暂代成都尹，曾带着酒到草堂来访，杜甫自愧没有好菜招待，只劝高适多多喝酒，他取笑高适说："头白恐风寒"，因为高适比杜甫年长，满头都是白发。

至于真正使草堂添加热闹的，就要算762年春夏两季的严武了。严武到成都后，就常常带着小队人马，走出郊外，来到浣花溪边，拜访杜甫；有时还亲携酒馔，竹里行厨，花边立马，形成一种难得的欢聚。杜甫也曾到府尹厅中宴会，展阅《蜀道画图》，歌咏西蜀的形势：

> 剑阁星桥北，权州雪岭东，
>
> 华夷山不断，吴蜀水相通。

从761年冬到762年春，成都苦旱，杜甫认为"谷者百姓之本"，写《说旱》一文。他希望严武能够亲自讯问狱里的囚犯，加以清理，除去应该处死刑的以外，都释放出来，若是囹圄一空，怨气全消，甘雨必定会降落。这意见虽然有些迷信，但由此我们可以知道，在成都狱中一定禁闭着不少长久没有判决的冤屈的囚犯。

在春社日，杜甫出游，被农夫们拉着在一块儿喝酒。酒酣耳热时，大家都称赞严武。一个老农夫回过头来指着他的大儿子向杜甫说："他是一个弓弩手，但是前天放回来了，帮我耕田；我们对于府尹真是感激。"

但是好景不常，四月，玄宗和肃宗先后死去，代宗（李豫）即位，七月召严武入朝，杜甫又感到孤单，他送严武到绵州，二人在绵州附近的奉济驿分手。

这说明房琯一派的人又有了抬头的希望，杜甫也起了再回长安的念头，并且劝严武在政治上多多努力。想不到严武去后，成都少尹兼御史徐知道便在成都叛变了，蜀中道路阻隔，致使杜甫流亡到东川梓州。

## ✳ 成都草堂 ✳

公元759年暮冬，杜甫因避安史之乱入蜀到成都，次年春，在友人的帮助下于成都西郊的浣花溪畔盖起了一座茅屋，便是他诗中提到的"万里桥西宅，百花潭北庄"的成都草堂。他在这里先后居住了将近四年，因曾被授"检校工部员外郎"之衔，而又被称作杜工部。留下诗作二百四十余首，如《春夜喜雨》、《蜀相》等名篇，其中《茅屋为秋风所破歌》更是千古绝唱。杜甫在成都寓居交游，赋诗题画，精彩之作层出不穷。"两个黄鹂鸣翠柳，一行白鹭上青天。窗含西岭千秋雪，门泊东吴万里船。"这首《绝句四首（其三）》生动形象地描绘出诗人在草堂所见的生机勃勃的春色。

第二年春天，也就是公元760年（上元元年）春天，杜甫准备自己建房，他在草堂以西浣花溪畔选定了房址。这里溪水长流，林塘幽美，环境寂静，无数蜻蜓在空中上下翻飞，一对对水鸟在水中忽浮忽沉。

杜甫修建草堂得到了亲友们的资助，表弟王司马专门

携带资金送到浣花溪，帮助杜甫解决建房费用。杜甫除掉茅草，开辟出一亩多地作地基。又在一些朋友的帮助下，在周围种上桃树、绵竹、桤木、松树、李树、梅树。到了春末的时候，草堂建成了。

杜甫很高兴，写下了《堂成》一诗，说自己暂时不会像飞鸟一样带着儿女到处漂泊了，终于有了新居，可以安定下来，感到心情很舒畅。

从公元760年（上元元年）初到唐代宗公元765年（永泰元年）五月，中间除了到梓州、阆州避乱的时间，杜甫在浣花溪草堂一共住了三年多，写下了二百六十多首诗。在成都期间，由于生活比较安定，心情闲适，这些诗大多数是吟咏自然的。

在杜甫诗中，浣花溪和草堂周围充满了生机，各种各样的树木花草，鸟兽鱼虫，都各具情趣，显得十分可爱。"榉柳枝枝弱，枇杷树树香。"（《田舍》）"红人桃花嫩，青归柳叶新。"（《奉酬李都督表丈早春作》）"圆荷浮小叶，细麦落轻花。"（《为农》）"鸬鹚西日照，晒翅满鱼梁。"（《田舍》）"细动迎风燕，轻摇逐浪鸥。"（《江涨》）"细雨鱼儿出，微风燕子斜。"（《水槛遣心二首》）"啅雀争枝坠，飞虫满院游。"（《落日》）"仰蜂粘落絮，行蚁上枯梨。"（《独酌》）"芹泥随燕嘴，花蕊上蜂须。"（《徐步》）"风鸳藏近渚，雨燕集深条。"（《朝雨》）从这些诗句可以看出，杜甫的心境是闲静平和的，对万事万物充满了关爱。他对事物细致深密的观察和准确生动的描写，在同时代的诗人中是无与伦比的。

浣花溪处处洋溢着春光，杜甫时常到浣花溪畔，到绿色的田野里漫步。看到江深竹静，红花白花，掩映着两三家人家。在微微的春风中，桃花竞相开放，有深红的，也有浅红的。衔泥的燕子飞来飞去，黄莺不停地啼叫，沙滩上的小野鸭依傍着母鸭悠闲地在睡觉。他信步走到黄四娘家，黄家满园春色，因此他写了《江畔独步寻花七绝句》（其六）：

黄四娘家花满蹊，千朵万朵压枝低。

流连戏蝶时时舞，自在娇莺恰恰啼。

杜甫与邻居、村民的关系很融洽，使他更加觉得周围环境很和谐友好。南边的邻居很爱喝酒，也会写诗，常常步行到杜甫家串门，两人成了饮酒论诗的好朋友，有时候杜甫也到南边邻居家拜访。

北边的邻居也喜欢到杜甫家串门，一直要到月亮升上来才回去。村里的农民邻居，不时送些鱼肉来。樱桃成熟的时候，还送来满筐的红樱桃。

快到春社的一天，春风荡漾，桃红柳绿，一位年老的农民邀请杜甫到他家品尝春酒。酒喝得高兴的时候，老农对杜甫说，今年村里要大办春社，能不能过完春社再回去？一边说，一边叫妻子打开另一坛酒，用盆子添酒，还让家人取来果品栗子。

◎春社：春季祭祀土地神的日子。自宋代起，以立春后第五个戊日为社日。古代春社日，官府及民间皆祭社神祈求丰年，里中有饮酒、分肉、赛会、妇女停针线之俗。

杜甫和这个老农喝酒，从早上喝到太阳快要落山，几次想告辞，一站起来，就

被拉住肘臂按下来。这种举动不太礼貌，但杜甫却不觉得粗鲁。到了月亮出来了，老农还要留杜甫喝酒，还嫌酒不够，怪家人添酒太慢。

虽然草堂在成都郊外，但仍然不时有客人来拜访杜甫。客人中既有熟悉的老朋友，也有新结识的。

画家韦偃来访，为杜甫作画，在墙壁上画了两匹千里马，一匹正在吃草，一匹仰天嘶鸣。高适和手下王伦携酒专程看望杜甫，虽然没有什么好菜招待，但三人喝酒仍然觉得很高兴。高适、杜甫这对老朋友一边饮酒，一边畅谈。

有时，客人来了，杜甫说："花径不曾缘客扫，蓬门今始为君开。"（《客至》）对客人表示特别欢迎，同时也为远离街市，买不到更多的菜肴和好酒表示抱歉。有时，客人不期而至，弄得杜甫手忙脚乱，连忙呼喊小孩戴正葛巾，自己赶快到菜园里摘菜。

来访的客人多，杜甫不无得意地说："岂有文章惊海内，漫劳车马驻江干。"（《宾至》）意思是我的诗并没有惊动海内，怎么还劳烦各位的车马到江边草堂来访问呢？

美丽迷人的自然风光，淳朴友爱的风俗人情，使杜甫心情格外的舒适畅快，他多病的身体也觉得轻松起来。

有时候，在江边的花下，杜甫只顾抬头看飞鸟，结果错应了别人的问话。他边饮酒边看书，遇到难懂的字就跳过去往下读，十分随意。环境幽静，生活安闲，连妻子、小孩都自得其乐。他在《江村》中写道：

清江一曲抱村流，长夏江村事事幽。

自去自来梁上燕，相亲相近水中鸥。

老妻画纸为棋局，稚子敲针作钓钩。

多病所需惟药物，微躯此外更何求？

这种悠闲自在的生活，是杜甫向往的生活。晚春时节，暖风吹拂，杜甫这个一贯做事严谨的人，都不禁解开衣襟，袒露腹部，眺望四野，吟咏诗篇：

水流心不竞，云在意俱迟。

寂寂春将晚，欣欣物自私。

《江亭》

江水流淌，作者觉得闲适心情和白云一样的舒缓悠闲。春天即将过去，时间不断在流转，万物欣欣向荣，都各自在按宇宙法则运行。杜甫在大自然的流行运转中，悟到了人与自然和谐契合才能身心愉悦的道理。

有了比较安定悠闲的生活，使杜甫有时间和精力去思考艺术创造的问题。杜甫写了《戏为六绝句》，在这六首诗中，他斥责了当时的一些轻薄文人对前人诗歌成就妄加否定的恶劣风气，高度评价了庾信和"初唐四杰"的诗歌创作功绩。他明确主张要继承优秀的传统，区别和淘汰虚伪浮华的诗风，认为对优秀的作品，不论是古人的，还是今人的，都要广泛地加以学习，"转益多师"，才能创造出雄壮奇伟、永垂后世的诗篇。

杜甫在最后一首诗中说：

不薄今人爱古人，清词丽句必为邻。

窃攀屈宋宜方驾，恐与齐梁作后尘。

意思是说，不应该鄙薄当代人，同时要学习古代人，只要是清词丽句，好的文学作品，都应该去亲近学习，不能排斥。要想成为屈原、宋玉那样的大诗人，与他们并驾齐驱，就应该多方学习和探讨，怕的是只模仿齐梁时代虚华绮丽的文风，那样肯定还不及齐梁诗人的末流。

杜甫对自己的创作也进行了思考，他在《江上值水如海势，聊短述》中写道：

为人性僻耽佳句，语不惊人死不休。

老去诗篇浑漫与，春来花鸟莫深愁。

新添水槛供垂钓，故著浮槎替入舟。

焉得思如陶谢手，令渠述作与同游。

杜甫看到江水高涨、水势如海的奇景，要是在过去，他可能会写一首长篇诗歌进行描绘和渲染，而现在却姑且写这首短篇来表现。诗中有关水势的描写只是一笔带过，重点却在说自己写诗的体会。因此诗的开头就说自己一向性格孤僻，对美好诗句的创作、锤炼已经到了痴迷的境地，写出来的诗句如果没有惊人的效果，就死不罢休。如今，年纪逐渐老了，心情逐渐趋于闲淡，不再有年轻时那种逞露才情、争奇好胜的想法，写的诗篇，全都是随意而为，得心应手，挥笔立就，不必再像过去一样对着春天的花鸟愁思苦吟了。

面对江上水势如海，心中也不会波澜翻滚，而是泰然处之，在水边新添栏板，水中放置木筏，悠闲地垂钓，随便写点短诗。这种闲淡的境界，如果有陶渊明、谢灵运那样的才思，写出与他们一样的诗篇，与他们同游，那是多么令人喜悦和向往的事情。

与过去相比，杜甫在成都的诗歌创作确实有了一些变化，在内容上写日常生活、写花鸟树木的诗增多了，许多极其琐细而又富于情趣的生活细节被写到了诗中，如老妻在纸上画棋局、稚子把针敲弯作钓钩等生活琐事，在同时代的诗人作品中是极为罕见的。这样的诗，生活气息十分浓烈，使人百读不厌。

题材内容的闲适平淡，使杜甫诗歌增添了新的风格，那就是闲淡疏散。在创作方法上则不拘一格，随意自如。

成都期间，杜甫还写了一些题画诗，对当时著名画家王宰的山水画、韦偃的画马图和双松图、姜皎的角鹰画、薛稷的鹤画、李固的山水图、曹霸的画马图都分别写诗进行了评价，还为严武公堂壁画《岷山沱江画图》题了诗，这些诗能够准确地揭示出图画的题材内容、风格特点以及独特的气韵，还能联系到画家的人品或身世、阅历，并写了自己对绘画创作的看法，有时候还寄托了自己对社会人生的观察、思考与感慨。

在成都期间，杜甫与高适、裴迪等诗人有过较为密切的来往，对他们的诗进行了一些评价。杜甫对李白的处境特别担忧，写了《不见》一诗：

> 不见李生久，佯狂殊可哀。
>
> 世人皆欲杀，我意独怜才。
>
> 敏捷诗千首，飘零酒一杯。
>
> 匡山读书处，头白好归来。

他已经十多年没有见到李白了，偶尔听到一些有关李白的传闻，使杜甫更为担心。认为李白的诗歌成就是不能抹杀的，希望李白有一个好的归宿，回故乡读书，安度晚年。

公元759年（乾元二年），李白受到赦免，东下江陵，后来到当涂（今安徽当涂县）投奔族叔李阳冰。公元762年（宝应元年）在当涂病逝。

杜甫是从来不会忘怀世事的，即使是在安闲的环境下，他仍然关注着平息安史之乱的局势，关心那些在战乱中流离失所、受苦受难的人们。看着在夕阳的余晖下，渔民们在江边下网，商贾的船只在江上驶过，杜甫想到的是遥远的剑门关以北的平叛战事，想到的是朝廷的军队何时才能收复洛阳。他往往把对中原战事的关心，与思念故乡、思念兄弟的感情联系在一起。

在成都期间，杜甫写了不少咏古诗和咏物诗，有些寓意深刻，有着很强的现实针对性。《石笋行》中写的石笋，是成都两块笋状大石，传说是神仙用来填镇海眼的。杜甫先就石笋的传说进行了议论，认为石笋大概是古代蜀国卿相的墓表，接下来议论石笋的传说是对老百姓的蒙蔽，正如"小臣"蒙蔽皇帝、乱政误国一样。最后提出应该去除石笋，暗寓着应该去除朝中的"小臣"。

《病柏》、《病橘》、《枯棕》、《枯楠》应该是同时创作的咏物诗，分别咏叹不同的树木，但都有深刻的寄寓。以"病""枯"为题，可以说是杜甫对当时社会的一个总的印象。《病橘》以病橘为题，写了皇帝因爱吃橘子，便勒索各地老百姓上贡的事实，提出了要接受唐玄宗时献荔枝的历史教训。

《枯棕》先描写棕榈树受到刀斧砍伐，屡屡割剥，过早凋零，然后用大量笔墨，把枯棕惨遭割剥的命运同江汉老百姓的遭遇联系起来。这些老百姓屡遭盘剥，每一样有用的东西都不被官府放过，只要发现，就被搜取。由于无休止的盘剥，"死者即已休，生者何自守"？死了也就罢了，活着的人又怎能够逃避残酷的割剥，保全自己呢？杜甫用"割剥"这个词来展现官府对老百姓的搜刮剥削的现象，这种深刻的认识和概括在古代诗人中是极为罕见的。

我们看到，不仅在秋风怒号的黑夜，即使在生活安定、心情闲适的环境中，杜甫仍然想到多灾多难的老百姓，关心朝政得失和时局变化。他永远不会成为一个置身现实之外的隐逸诗人。

在杜甫到成都两年后，公元761年（上元二年）十二月，他的好朋友严武，被朝廷任命为成都府尹，兼剑南东西川节度使，成为当时唐朝西南地区的最高军政长官。

严武与杜甫都是与房琯关系密切的人，都曾因为房琯罢相而受到牵连。严武也是个诗人，比杜甫小14岁，对杜甫的诗歌创作才能相当敬重。

严武到成都任职不久，寄诗给杜甫，准备到浣花溪来看望杜甫。虽然是老朋友，但严武毕竟是朝廷大员，杜甫为了迎接严武的到来，用锄头在长满茅草的地上开辟出道路来，等待严武的车驾。

严武到浣花溪看望杜甫时却比较随意，只带着一小队随行人员，一路观赏春天的花红柳绿，到草堂与杜甫聚会。

公元762年（宝应元年）夏天，严武又一次到浣花溪草堂，还携带着酒菜，就在竹林里行厨，两人一边喝酒，一边观赏江上捕鱼的渔船，谈起写诗，谈到当时的政务。

杜甫称赞严武"政简移风速，诗清立意新"（《奉和严

中丞西城晚眺十韵》)。严武还派专人给杜甫送来美酒。有一次，派人快马鸣鞭，给杜甫送来青城山道士奉送给自己的乳酒，杜甫自然很高兴，连忙洗好酒杯，开启酒瓶，请送酒的兵士一起品尝。严武还多次与杜甫一起观赏蜀道地图，谈论蜀地重要的地理位置。

公元762年（宝应元年）四月，唐玄宗在宫中病死。二月就开始患病的唐肃宗，听到太上皇病逝，病情也开始加重。于是命太子李豫监国，并改元为宝应。

在唐肃宗当政期间，张皇后和宦官李辅国相互勾结，专权用事，排斥正直有为的大臣，后来两人也因为权力之争而发生了矛盾。张皇后看到唐肃宗已经病重，就与越王李系合谋诛杀李辅国。结果消息走漏，李辅国和另一宦官程元振抢先下手，带兵闯入唐肃宗的寝宫，当着唐肃宗的面强行拖出张皇后，随后即将张皇后和越王李系以及相关人士数十人全部处死。

已患重病的唐肃宗，受到这样的惊骇和侮辱，又怕又气，两天后，死在病床上。又过了几日，太子李豫即位，这就是唐代宗。唐代宗即位后，任命严武为京兆尹兼山陵桥道使，负责监修玄宗、肃宗的陵墓。

七月，严武离开成都，动身到长安。严武临行，杜甫写诗送行，说："四海犹多难，中原忆旧臣。"在这国家民族动荡多难之际，大家都期望严武有所作为。

杜甫又说："公若登台辅，临危莫爱身。"（《奉送严公入朝十韵》）勉励严武在朝廷的重要位置上，应该坚持正道，临危不惧。杜甫与严武依依不舍，一直送严武到绵州。

这时，成都少尹兼剑南兵马使徐知道趁严武北上，发动叛乱。八月二十三日，叛军被新任成都尹的高适击败，徐知道被部将李忠厚杀死。

李忠厚放纵兵士，在成都肆意杀戮百姓。叛军一边严刑拷打民众，一边饮酒赏乐，"谈笑行杀戮，溅血满长衢。"（《草堂》）成都人民陷入了巨大的灾难之中。道路阻隔，成都如此混乱恐怖，杜甫是不能回成都了。

杜甫在绵州时，结识了要到梓州（今四川三台县）任刺史的李使君，于是决定到梓州避乱。

不久，章彝新任梓州刺史兼东西川留后，他对杜甫很照顾。于是，杜甫到成都把妻子儿女接到了梓州。

在梓州时，杜甫专程前往附近的射洪（今四川射洪县），寻找陈子昂的遗迹。初唐时期的著名诗人陈子昂是射洪县人，是唐代诗文革新的有力倡导者，他的诗歌创作主张和作品对唐代文学有着重要的影响。

杜甫游览了射洪县北的金华山玉京观，寻访到了陈子昂在这里读书的遗迹。又到射洪县东七里的东武山下，凭吊了陈子昂的故宅，写了《陈拾遗故宅》一诗，以崇敬的心情歌颂了陈子昂，认为陈子昂一生官位卑下，却成为圣贤一样的人，让后人敬仰。陈子昂的《感遇诗》，真正继承了《诗经》《楚辞》的优秀传统。陈子昂出身富豪家庭，青年时到长安，写了《感遇诗》三十首，京兆司功王适看到后很吃惊，说："这个年轻人一定会成为天下文人的领袖。"因此，陈子昂名声大振。

陈子昂考中进士后，受到武则天的召见，并受到赏识，任命他为麟台正字。武攸宜统军北伐契丹时，以陈子昂为掌书记，负责军中的文书秘书工作。陈子昂多次向武攸宜提出建议和计谋，武攸宜不但不采纳，反而把陈子昂降职为军曹。后来，陈子昂的父亲在家乡受到射洪县令的侮辱，陈子昂知道后，赶回家乡，却被射洪县令陷害被捕入狱，忧愤成疾，死在狱中。

这样一个有才华的诗人却屡遭挫折，屈居下位，最后竟被一个小小的县令迫害致死。陈子昂的遭遇，引起了杜甫深深的同情和感慨，他在诗中深情地写道："悲风为我起，激烈伤雄才。"（《冬到金华山观，因得故拾遗陈公学堂遗迹》）"遇害陈公殒，于今蜀道怜。"（《送梓州李使君之任》）

这一年的十月，皇子雍王李适统帅唐军和回纥兵共十余万，与叛军在洛阳北郊摆开阵势决战，叛军十万精锐部队被击溃，叛军首领史朝义带着数百名轻骑逃脱。

唐军随即攻克洛阳，其后又攻克了郑州、汴州（今河南开封）等地。史朝义一路逃窜，于唐代宗公元763年（广德元年）正月，逃到范阳。守将拒绝史朝义入城，史朝义走投无路，被迫在温泉栅（今河北滦县南）的树林中上吊自杀。叛军纷纷投降，原来被叛军占领的地区都被唐军收复。安史之乱终于彻底平息了。

胜利的消息传到梓州，杜甫欣喜若狂，老泪纵横，信口吟出《闻官军收河南河北》一诗：

剑外忽闻收蓟北，初闻涕泪满衣裳。

却看妻子愁何在？漫卷诗书喜欲狂。

白日放歌须纵酒，青春作伴好还乡。

即从巴峡穿巫峡，便下襄阳向洛阳。

诗人在这里，描写自己忽然听到官军已经收复了河南、河北地区，真是喜出望外，不禁高兴得泪水滚滚流出，沾湿了衣裳。再看看妻子儿女，终于平安地度过了战乱灾祸，这回不必再为他们的生活和安全发愁了。想到四处漂泊的生活即将结束，真令人高兴得发狂，哪里还有心思看书，赶快收拾诗书，准备回乡。

这样的日子真应该白日放声歌唱，开怀痛饮。现在正是鸟语花香的春季，大好的春光正好作伴，启程回乡。乘船东下，穿过巴峡和巫峡，很快就可以到达襄阳，东都洛阳也就出现在眼前了。作者高涨不断的喜悦之情，富有感染性。激动欣喜的诗情一开始就喷泻而出，随后一句紧接着一句，一直贯注在每句诗中。

安史之乱结束了，但社会并没有安定下来，多灾多难的人民还要在战乱的漩涡中挣扎，继续遭受冲击和苦难。杜甫的愿望并没有成为现实。那些追击史朝义、收复河南河北的唐朝官兵，与匪徒没有什么两样，所到之处，就大肆抢掠。这种公开的抢劫行为，一直持续了三个多月。

那一带的老百姓，家中的财物被抢光，有时甚至连身上的衣服也被剥走。而回纥兵进入洛阳，又重演了几年前的那一幕，在洛阳城中肆意杀戮抢掠，放火焚烧房屋，过了十多天，大火还未熄灭。

回纥兵即使在长安城内，也敢任意横行。吐蕃加快了攻占唐朝西部地区的步伐，占取了河西、陇右地区。边境连连告急，但当时把持朝政的宦官程元振却隐瞒不报，不让唐代宗知道。

十月，吐蕃军进攻泾州（今甘肃泾县北），刺史高晖投降，带领吐蕃军队直奔长安。吐蕃军队到了长安附近，唐代宗才知道消息，他惊慌失措，仓皇逃出长安，跑到陕州（今河南陕县）。

满朝文武官吏，有的躲藏起来，有的慌忙逃窜，军队则四处逃散。吐蕃军兵不血刃就占领了长安。吐蕃军队进了长安后，剽掠府库，抢劫市民，焚烧宫殿民宅，整个长安萧然一空。逃散的唐朝兵士也到处抢掠。人民群众纷纷逃入山林，躲避战乱。

长安陷落的消息不断传到梓州，真假难辨，杜甫着急地说："乱离知又甚，消息苦难真。"（《遣忧》）听到长安遭受抢劫焚毁，杜甫感到非常痛心，说："隋氏留宫室，焚烧何太频！"（《遣忧》）

一天，他遇到皇帝从陕州派出的一位使者，才了解到较为详细的情况，原来吐蕃还占据着长安，还在四处攻击抢掠，唐代宗的车驾在风尘中颠簸奔逃，无法从陕州回到京城。

听到这些情况，杜甫愤怒地质问："让皇帝蒙受这样的苦难，满朝的文武百官到哪里去了？"

过了一段时间，一直没有人从长安过来，吐蕃是否已被击退，长安是否恢复安定的生活？都一概不清楚。

杜甫多么想知道这一切，他愁苦忧思，双鬓的白发似乎一下子出现了很多。

梓州刺史章彝对长安失守没有任何反应，却组织了大规模的冬季狩猎活动。他也请了杜甫观看这场冬猎。

章彝为了显示兵强马壮，一共派出了猛士3000人，从清晨开始围猎，一直到太阳落山，杀声此起彼伏，在天空中回荡。东西南北方圆百里的山山岭岭，都被猛士们踏遍了。山中各种飞禽走兽，十之七八被射杀，活着的被猎获，送到刺史面前。甚至对那些肉味不香的瘦弱的小鸟，也不放过。章彝甚为得意，杜甫却不以为然。

尽管受到章彝多方面的照顾，杜甫也很感激他，但杜甫仍然不得不提出讽喻和规劝：这样整齐威严的军队，应该为国尽忠北上抗击吐蕃。

皇帝已逃出京城，流落风尘，军队即使把山中的野兽都捕尽杀绝，那又有什么用处呢？虽然还没有发生周幽王被杀死那样的惨事，但能不能让皇帝不再蒙尘逃难呢？杜甫在结尾反复大声疾呼，笔调沉痛。

吐蕃不仅在甘肃、陕西一带进攻，同时也在四川西部展开攻势。广德元年秋冬之际，吐蕃派兵包围了松州（今四川松潘县），严峻的形势引起了杜甫深深的忧虑。

杜甫连续写了《对雨》《愁坐》《警急》《王命》《征夫》《西山三首》等诗，表达了对时局的担忧、关切和意见。

在无边无际的秋雨中，诗人独自一个人站在江边，他不为巴蜀道路崎岖难行担心，他担心的是这样的大雨淋湿了朝廷军队的旌旗，影响了朝廷军队的防守工作。

西边的雪岭一带，吐蕃军队越来越猖狂，边防一天比一天紧张。那里的交通来往，只能靠绳桥，要打胜仗那是多么的艰难。吐蕃与唐和亲，可以说是甥舅关系，本不应该背弃唐朝的恩惠和亲情的呀！吐蕃军攻陷陇右，逐渐逼近长安时，作为剑南东西川节度使的高适，出兵四川西北部地区，想牵制吐蕃的兵力，却反而被吐蕃击败，不久，松州被围，形势危急，令人担忧。

高适曾经担任讨伐永王李璘的统帅，身任淮南节度使。攻打李璘时，高适的名气是多么大呀，被认为能神机妙算。但他在吐蕃军队面前却毫无抵抗之力，松州被围，却无解救之计，眼看着吐蕃军攻城掠地，饱抢财物而去。

高适无力解除松州之围。到了十二月，不仅松州被吐蕃攻陷，连维州（今四川理县北）、保州（今四川理县西南）也相继失陷。杜甫在梓州听到消息后，非常震惊。

到了年底，边境地区还在打仗。吐蕃军进犯雪岭，攻陷松、维、保三州，使涪江边上的梓州也受到了震动。战争天天进行，到处都在流血，但朝廷百官中却无人请缨杀敌，舍身报国。杜甫在《岁暮》中写道：自己不被朝廷任用，无事可做，心情平静而寂寞，但听到边境失利的消息，雄心壮志又被唤起。只要能挽救时局，自己岂能吝惜生命？

长安被吐蕃攻陷不久，副元帅郭子仪在商州（今陕西商县）聚集了四千多名兵士，准备收复长安。

他先派遣小股部队到长安扰乱吐蕃军，在韩公堆一带，白天敲鼓，插上许多旗帜，夜里点燃一堆堆篝火，迷惑敌人。吐蕃军弄不清楚来了多少唐军，怕被唐军合围歼灭，连夜退出长安。随即，郭子仪的队伍进入长安。十二月，唐代宗也从陕州回到长安。

到了公元764年（广德二年）正月，长安被收复和唐代宗回到长安的消息传到梓州，杜甫非常高兴，但他觉得更重要的是应该吸取教训，不能再重蹈覆辙，因而写了《伤春五首》《收京》《巴西闻收京阙，送班司马入京二首》《释闷》《有感五首》等十多首诗，表达这种复杂的思想感情。

在这些诗中，杜甫指出，对于朝廷来说，重要的是修明道德，躬简节用，爱惜民力，关心百姓的生活和困苦，这样才能使国家有新的气象，江山才能巩固，如果仅仅靠城池坚固、地势险要，那是没有用的。他还指出要任用忠义之士，特别是那些受到排斥的忠心耿耿的老臣；要进贤去奸，将士才会效命。

吐蕃攻入长安时，御林军纷纷逃散，将军们无一人带领军队前来救援，原因就在于朝廷长期信用程元振一类奸佞，疑忌和排斥忠臣。

杜甫对那些手握军权、独霸一方、不听从朝廷号令的将领的行为表示不满，担忧他们会作乱。安史之乱平息后，军阀割据一方，对抗中央，成了唐朝政治的一个严重问题，杜甫较早就提出了这个问题，表现了他具有敏锐的眼光和深刻的见解。

这些诗中，比较突出的是《释闷》一首。释闷，就是排解心中苦闷的意思。安史之乱刚刚平息，又发生吐蕃入京、代宗奔逃的事件，杜甫为此感到痛心；朝廷政治腐败，君臣不思进取，一味横征暴敛，姑息养奸，杜甫为此感到愤懑。

这一切积压在心头，让人透不过气。

在诗中，杜甫分析道，安史之乱以来，打了十年仗了，战乱一直没有停息，现在连吐蕃军也打进了长安。这次唐代宗离开长安，不是像黄帝那样迷路，而是像晋明帝被叛军追赶那样，只是更加仓促狼狈。

代宗在逃亡中想必应该看到到处是豺狼当道、行人断绝、战火通宵、死尸纵横的惨象。这种悲惨局面，朝廷难道不应该负责吗？皇帝也该厌倦了这种奔走逃亡的生活了。

大臣们更应该思考思考如何使天下太平吧！怕的就是朝廷不改变以往的做法，照样强行搜刮征敛。听说那个罪大恶极、受到宠幸的坏人程元振，居然还保全了性命。这还不是和过去一样！朝廷做的，总是出乎我这个涪江边上的老头的意料，看来我老眼昏花，是见不到风尘止息、天下太平的日子了。

杜甫在整首诗中将嘲讽、挖苦、无奈、斥责、愤懑、期盼、担忧、失望等各种各样的感情交织在一起，形成了笔调辛辣而富有变化的独特风格。

公元764年（广德二年）初，杜甫带着家人从梓州前往阆州。临行时，章彝送给他两根桃竹杖。阆州是巴蜀重镇，三国时蜀汉大将张飞曾在这里驻守多年。

东河在这里汇入嘉陵江，嘉陵江水势渐大，从这里坐船，南下渝州（今重庆市），就可以进入长江了。杜甫想顺长江而下，到荆楚地区。杜甫在阆州，游览了山水名胜，如锦屏山、玉台山、玉台观、嘉陵江、南池、滕王亭、汉高祖祠等处，都一一写了诗。他还写了《忆昔二首》，两首都是

以"忆昔"二字开头。

第一首追忆唐肃宗宠幸张皇后、误信宦官李辅国，致使朝纲败坏，边防空虚，造成长安被吐蕃军攻陷，代宗奔逃。诗中讽刺唐肃宗，说只要张皇后有半点不高兴，唐肃宗简直就忙坏了。讽刺唐代宗仓皇逃出时的狼狈情景，是"百官跣足随天王"，连鞋袜都来不及穿地奔逃。

第二首追忆唐玄宗时的开元盛世，对比现在的战乱不已，杜甫希望唐王朝得到中兴。

杜甫在阆州住了一段时间后，到了二月，决定乘船顺流而下，入长江，出三峡，到荆楚地区去。

船只都准备好了，饯行酒也喝过了，这时，听说严武又到了成都，再次出任剑南东西川节度使，杜甫真是高兴得不得了，决定取消荆楚之行，带家人回成都去。

杜甫写了《奉待严大夫》的诗寄给严武，记述了杜甫当时的喜悦之情。

离开阆州前，杜甫凭吊了房琯墓。房琯是在前一年，即763年病逝的。那年四月，朝廷任命房琯为刑部尚书，房琯于是离开汉州，准备到长安就职，不想在路上生病，八月四日，死在阆州的僧舍中，死后被追赠为太尉。

一个多月后，杜甫曾到阆州祭奠了房琯，写了《祭故相国清河房公文》，赞扬了房琯在帮助朝廷度过安史之乱、拯救国家方面的功绩，赞扬了房琯忠义正直、屡陈直词的可贵精神，对他受到贬官并客死异乡的遭遇深表同情。

他也记叙了房琯罢相时，自己勇敢地劝唐肃宗收回成命，"见时危急，敢爱生死"，"伏奏无成，终身愧耻"。

他还愤怒指出，当时的社会是"乾坤惨惨，豺狼纷纷，苍生破碎，黑白不分"。这篇祭文被认为是杜甫"生平最得意之文"。现在要离开阆州了，杜甫又来到了房琯墓前，向老朋友告别，想到两人的友谊与遭遇，看到山中的花落在坟墓上，林间的黄莺在啼叫，杜甫不禁放声大哭，眼泪流淌，面前的干土都被泪水打湿了。

杜甫回到了成都草堂，觉得眼前的一切都很亲切，令他十分高兴。通过疏疏的竹林，进入家门，就看到亲手移植的四棵小松树已经长得有一人高了，邻居们都很高兴杜甫回来，连狗也很高兴，有点犹豫地上前来依偎在身旁。严武专门派人来看有什么要帮助的，成都城内外来看望的人，阻塞了村里的道路。杜甫心情很好，觉得草堂周围仍然是那样的恬静优美，令人心醉，诗人用轻松明快的两首绝句，描写了成都的美好风光和自己的喜悦心情：

迟日江山丽，春风花草香。

泥融飞燕子，沙暖睡鸳鸯。


江碧鸟逾白，山青花欲燃。

今春看又过，何日是归年？

浣花溪草堂的风光是如此的幽静恬美，但天下却仍然动荡不安。吐蕃军攻入长安时，那些逃散的唐军兵士占山为盗，对长安形成了威胁，朝廷只好派兵征讨。曾在平息安史之乱中立下战功的仆固怀恩父子，又举兵叛乱，先后围攻太原、榆次。这些都发生在公元764年（广德二年）春天，杜甫回到成都后，听到了有关消息，又激发了他的忧国忧民的情感。

一天，他登楼赏春，看到锦江春色，山中浮云，引起了他对时局的深深忧虑，写下了《登楼》一诗，诗中说：锦江春色虽美，但在万方多难的时候登楼远望，却令人不禁感慨伤心。玉垒山的浮云自古至今都在变化，飘浮不定，正像捉摸不定的时局。长安曾一度被吐蕃军占领，但后来又被收复，朝廷正像北极星一样，始终没有灭亡。不过，却很难保吐蕃军不再来侵扰了，松州等地不是被吐蕃军攻陷了吗？登楼望见武侯祠和旁边的后主祠庙。后主刘禅虽然昏庸亡国，但由于后人敬仰诸葛亮，却也给受到过诸葛亮辅佐的刘禅立了祠庙。

现在，国家万方多难，却任用昏庸宦官，找不到诸葛亮那样的贤相辅助，这不是更令人担忧吗？自己忧国忧民，却报国无门，只好在暮色中，像未出山时的诸葛亮吟诵《梁甫吟》一样，借诗来排遣忧虑了。这首《登楼》是杜甫七律中的名篇，前人评价说，这首诗"气象雄浑，笼盖宇宙"，是杜甫诗中"最上乘之作"。

# 幕府生活

严武对杜甫确实是很关照的。764年（广德二年）6月，严武上表朝廷，推荐杜甫任节度参谋，授职检校工部员外郎，赐绯鱼袋。这样，杜甫又成了朝廷的命官，有了固定的俸禄收入，全家的生活有了着落，他感到很满意。因为这次任职，后人称杜甫为"杜工部"。

严武这次到成都任节度使，主要任务是抗击吐蕃，收复松、维、保三州。严武注意整顿军队，加强练兵。杜甫应邀观看了军队的操练，又在严武的公堂上观看了骑兵试用新军旗表演。杜甫为严武治理军政献计献策，写了《东西两川说》一文。

七月，严武率兵西征。九月，击败吐蕃军队七万余人，攻克了当狗城（今四川理番县东南）。

十月，又攻克了盐川城（今甘肃漳县西北）。又令部将崔旰（gàn）在西山一带出击吐蕃军，攻城拔寨，推进了数百里，被吐蕃叹为"神兵"，终于稳定了成都以西的局势。这些胜利使杜甫感到欢欣鼓舞。

在成都任职期间，杜甫有机会在一些官吏家中欣赏到了曹霸、李固等人的绘画。

曹霸的绘画给他留下了极深的印象，他写了《丹青引赠曹将军霸》这首最负盛名的题画诗，诗中不仅生动地描写了曹霸的高超绘画成就，而且借画家一生的遭遇，寄托了治乱兴衰、世态炎凉的深沉感慨，其中的"丹青不知老将至，富贵于我如浮云"一句更是千古传诵。

杜甫在成都幕府中，也遭到了一些同僚的猜忌和白眼。杜甫与别的幕僚不一样，他年长，阅历多，诗名大，又是严武的老朋友，深得严武的尊敬，经常被严武带在身边，游赏山水风光，一起登临泛舟，一起吟诗唱和。严武宴请部下，常常让杜甫坐在前席。这就引起了同僚们的嫉妒。加上在与同僚难免有不同的意见时，杜甫又不懂得拐弯抹角，退让附和。这样，同僚们虽然当面同杜甫说说笑笑，好像很融洽，背地里却哂笑杜甫老朽，说他的坏话，甚至搬弄是非。杜甫感到既气愤又好笑，为此写了《莫相疑行》，表明自己不与他们争抢什么，犯不上互相猜忌。

幕府生活过于单调死板，很不自由。每天清晨要早早入府报到，直到夜晚才回来。除非生病，中间不准离开。上班时，要穿又窄又紧的服装。处理文件也有严格要求，否则会受到军法惩处。

杜甫因为家人在浣花溪草堂，他一个人在幕府，就常常夜宿府院。潇潇秋雨之夜，他对着快要燃尽的残烛，听着远处传来的鼓角声，自言自语，感到十分孤独悲凉。

杜甫的身体也越来越差，牙齿松动，头发皓白，又患肺病、头风、痹病，在座位上坐久了会全身麻木，不能动弹。家人也很担忧他的身体。

杜甫决定辞去幕府职位，回到草堂过闲散自由的生活。他写诗给严武说："白水鱼竿客，清秋鹤发翁。胡为来幕下？只合在舟中。"（《遣闷奉呈严公二十韵》）在他的再三请求下，公元765年（永泰元年）正月三日，严武终于同意他辞职。

杜甫回到草堂后，对茅屋进行了修葺，除掉了茅屋周围的杂草。在"野水平桥路，春沙映竹村。风轻粉蝶喜，花暖蜜蜂喧"的春光里，他"把酒宜深酌，题诗好细论"（《敝庐遣兴奉寄严公》），非常惬意自在。

回到草堂后，他写了二十多首有关春天的诗，都表现出适意满足之情。有时候，也难免产生思乡忧国之情，或者出三峡赴荆楚的念头。他还写诗给严武，希望严武在闲暇时能

到草堂来一起喝酒，吟赏春光。

想不到这年四月，严武忽然暴病身亡。

几个月来，杜甫连续受到了朋友去世噩耗的沉重打击。前一年秋天，关中发生灾荒，杜甫的朋友苏源明在长安饿死。另一位朋友郑虔，病死在台州。

没过多久，就在杜甫辞去幕府回成都草堂的时候，即公元765年（永泰元年）正月，高适也逝世了。之前，王维已在公元761年（上元二年）逝世，李白在公元762年（宝应元年）病逝。稍前，王昌龄、储光羲也已死去。

这些盛唐著名诗人先后一个个离去，杜甫不禁悲痛地哀叹："豪俊何人在？文章扫地无。"（《哭台州郑司户苏少监》）现在，严武也离开了人世。严武不仅在各方面关照杜甫，同时也是杜甫重要的诗友。

严武一死，杜甫生活上失去了依靠，在成都也已经没有什么好朋友，多年来远赴荆楚地区的愿望又浮上心头。于是，杜甫决定离开成都，乘船顺江东下荆楚。

## 《茅屋为秋风所破歌》

在成都期间，杜甫的生活比较安定闲适，但很大程度上是靠亲友帮助的，这种来源很不稳定，加上杜甫一家七八口人，要维持生计确实不容易。援助一旦中断，杜甫一家的生活又会陷入饥饿困苦的境地中。

家中四壁空空，一贫如洗，出现这种情况，诗人和妻子都毫无办法，脸上一片愁容。年幼的孩子已多天吃不上饭，对着父母又闹又哭，索要饭吃。这种时候，杜甫只好强装笑脸，向那些官僚求援。有时候还写信给远在彭州的朋友高适，请他尽快援手解救急难。

这段日子，由于杜甫每日用素菜草果度日，当地人都叫他"菜肚老人"。但苦中也有乐。

有一天，他邀几个朋友在草堂上吟诗作赋，吟得高兴，不觉到了中午。他发起愁来，眼看要吃晌饭了，可是一无所有，拿什么款待这些客人呢！他正在着急，忽然见家人从浣花溪里钓上一条鱼来，喜出望外。心想，就请大家品尝这条鱼吧！

他走到灶前，亲手烹制起鱼来。朋友们见他去做鱼，个个都惊奇起来，有的带着怀疑的眼光说："老杜，这可是新鲜事，你会作诗，还会烹鱼？"

杜甫笑笑说："等着吧，我今天就要给你们烹烹看看。"他开膛把鱼洗好以后，加上作料就放锅里蒸上。蒸熟以后，又把当地的甜面酱炒熟，加入四川泡菜里的辣椒、葱、姜和汤汁，和好淀粉，作成汁，趁热浇在鱼身上，再撒上香菜就做成了。

大伙儿欢坐一堂，见杜甫把鱼端了上来，伸筷一尝，果然好吃。

众朋友边说边吃，一会儿工夫，一条鱼吃得精光，可是这鱼还没有名字呢！于是大家就为这鱼想起名字来。有的说："这鱼就叫浣溪鱼吧！"有的说："叫老杜鱼才合适。"最后，杜甫说："陶渊明先生是我们敬佩的先贤，

而这鱼背覆有五颜六色的丝，很像柳叶，就叫'五柳鱼'吧！"说罢，大家十分赞成，觉得这个名字很有意思。五柳鱼就这样叫起来了，并成为一道四川名菜，一直流传了一千多年。

浣花溪也不总是风和日丽，四季如春，有时候也会遭遇狂风暴雨的袭击。草堂前的浣花溪边有一棵楠树，相传已有两百多年的树龄，杜甫喜爱这棵老树，才把草堂构筑在这里，还在树下开辟一块地方，用来种药。

这棵楠树，枝叶伸张，遮风蔽日，犹如伞盖，过往行人往往在树下躲避风雨霜雪。夏日酷热的时候，老树叶茂冠高，荫多气凉，在树下仿佛听到秋蝉的鸣声。

杜甫平常酒醉时，喜欢躺在树下，空气清新，醉意很快就会过去。但一场江翻石走、震动大地的暴风雨的摧残，使老楠树被连根拔起，悲惨地倒在荆棘丛中。

在杜甫眼中，仆倒的楠树，像是有泪痕血点落在胸口上。杜甫感到十分痛惜，写道："我有新诗何处吟？草堂自此无颜色。"（《楠树为风雨所拔叹》）暴风雨还无情地袭击了杜甫草堂。

公元761年（上元二年）八月的一个傍晚，狂风怒号，卷走了草堂屋顶覆盖的三层茅草，茅草被飞卷过江，洒落在江边，高的挂在树梢上，低的飘落在低洼的水塘里。南村的孩子们公然抱着茅草跑进竹林中，诗人朝孩子们喊叫，喊得唇焦口燥也叫不回来，只好拄着藜杖回来，空自叹息。一会儿狂风停止了，乌云密布，整个天空都变成了墨黑色，天色一下子昏暗下来。布被用了多年，又脏又旧，冷得像铁一样。儿子的睡相又不好，把被里子都蹬破了。这时，偏偏下起雨来，屋漏得厉害，床头淋得湿透，没有一处是干爽的。那雨像麻线一样从天上垂落下来，持续不断，不停地下着。

诗人想到自从战乱以来，自己常常彻夜不眠，现在，秋夜漫长，大雨不断，到处漏湿，何时才能等到天亮呢？在不眠的秋夜，诗人想到普天之下还有千千万万的读书人在挨饿受冻，遭受战乱困苦，他们是多么需要庇护与温暖，怎样才能修建千万间高楼大厦，使天下所有贫苦的读书人都受到庇护，都高兴地露出笑脸来，即使风吹雨打，也安稳如山。

如果真有这么一天，眼前能出现这样高耸宽大的房屋，即使唯独自己的草屋破了，受冻而死，也是心甘情愿的。

杜甫在诗末大声呼喊："安得广厦千万间，大庇天下寒士俱欢颜！风雨不动安如山。呜呼！何时眼前突兀见（xiàn）此屋，吾庐独破受冻死亦足！"（《茅屋为秋风所破歌》）

杜甫在诗中展示了推己及人和关爱天下苍生的伟大情怀，为了穷困苦难的人们能过上幸福的生活，他可以牺牲自己的一切，他可以担负一切痛苦和灾难。这是多么仁爱博大的胸怀和崇高光辉的境界！

# 第六章

# 凄楚的晚年

# 寓居夔州

公元765年（永泰元年）五月，杜甫携带着妻子儿女，乘船顺岷江而下，经过嘉州（今四川乐山）、戎州（今四川宜宾），从岷江进入长江后，继续顺江经渝州（今重庆市）、忠州（今重庆忠县），九月到云安县（今重庆云安）。杜甫在《旅夜书怀》一诗中，记述了这段旅途中的感受与慨叹：

> 细草微风岸，危樯独夜舟。
>
> 星垂平野阔，月涌大江流。
>
> 名岂文章著？官应老病休。
>
> 飘飘何所似，天地一沙鸥。

船夜间停泊在江边，岸上微风吹拂着细草，高耸的桅杆孤独地直立着。平野广阔，星空垂挂在远方。大江奔涌，月亮在波涛中上下翻动。杜甫想，自己的名声，难道是要靠诗文来显扬吗？杜甫一直认为，实现匡正时弊的政治理想，才是自己最大的追求，那样才能声名不朽，现在看来他出名靠的只能是写诗了。现在年老多病，连官职也早辞去了。自己到处漂泊，像是在天地间飞动的一只小小沙鸥。

因病不能前进，直到次年暮春病势减轻，病居云阳，写下了不少咏唱杜鹃的诗篇。

翌年春，离开云阳。寓居夔州。杜甫在夔州住了两年。直到公元768年的春天，他才离开奉节，直奔湖北荆州，实现了同亲友团聚的愿望。

杜甫在夔州，先后写了四百三十多首诗，约占现存杜诗的三分之一。杜甫在夔州所作《登高》一诗，历来为诗论者所推崇。

风急天高猿啸哀，渚清沙白鸟飞回。

无边落木萧萧下，不尽长江滚滚来。

万里悲秋常作客，百年多病独登台。

艰难苦恨繁霜鬓，潦倒新停浊酒杯。

杨伦在《杜诗镜铨》中称它"高浑一气，古今独步，当今杜诗七言律第一"。胡应麟称赞它是："古今七言律第一。"

杜甫除了描绘夔州山川风物的佳作外，还写了大量反映夔州一带劳动人民生活的诗篇。这些诗篇体现了杜甫"政治诗"的特色。如《负薪行》和《最能行》，就是其中的代表作。在《负薪行》里，诗人详尽地描绘了三峡妇女的悲惨命运：由于连年战乱，男丁减少，许多女子"四十五十无夫家"，她们每天上山砍柴负薪归来，虽已"面妆首饰杂啼痕"，还得"地褊衣寒困石根"，过着熬更守夜的日子。可是，一些怀有偏见的人，却嘲讽夔州一带女子长得"粗丑"，连丈夫都找不到。杜甫站在劳动人民的立场上愤怒地质问："若道巫山女粗丑，何得此有昭君村？"在《最能行》里，杜甫又向侮辱三峡男子的偏见者发出正义的质问："若道士无英俊才，何得山有屈原宅？"字里行间，倾注了诗人与人民同甘共苦，血肉相连的深厚感情。

杜甫留寓夔州期间，曾经几度移居。他在瀼西居住时，西边的邻居是一位贫穷的妇人。穷妇人为生活所迫，经常怀着恐惧的心情，悄悄去杜甫的房前打枣子吃。

杜甫明明知道，但从不惊动她。杜甫另迁新居后，将瀼西原住的房子让给从忠州来的吴南卿。

吴南卿为了防备穷妇人过来偷东西，便筑上篱笆挡住她。杜甫听说后，坚决反对吴南卿这样做，特意写了首《又呈吴郎》的诗进行劝说："堂前扑枣任西邻，无食无儿一妇人。不为困穷宁有此？只缘恐惧转须亲。即防远客虽多事，便插疏篱却甚真。已诉征求贫到骨，正思戎马泪盈巾。"

这首诗，既表达了杜甫对劳动人民哀怜的感情，又抨击了不平的社会和战乱给人民带来的灾难。这首诗虽然已是往事越千年，但是，今天诵读起来，仍然亲切感人。

夔州人民为了纪念杜甫，曾在东屯（今草堂果园）——杜甫故居处修建杜甫草堂。1984年，在白帝城山腰观音洞旁建杜甫西阁。今江水上涨已淹。

杜甫初到夔州，居住在客堂，住的是当地人叫"阁栏头"的那种房屋。这种房屋在山坡上架木起屋，人住在离开地面的楼板上，很像是巢居。

杜甫住处，周围有茂密的树木，出外只有一条羊肠小道。当地人的房屋都建在山腰，饮水很困难，往往用竹筒相连接，从山涧引泉水到家中。当地的少数民族汉子阿段帮助杜甫引水，避开别家的输水竹筒，到二十里外找到了水源，再用竹筒连接引来，直接流入厨房。

那年夏天，干旱酷热，有些竹筒开裂漏水，杜甫又请仆人信行帮助修理置换，来回四十里，经过不少险崖深谷，回来的时候，仆人信行的脸晒得又红又黑，还顾不上吃饭。杜

甫连忙拿出瓜和饼慰劳他。

听说乌鸡可以治风湿麻痹，杜甫就养了五六十只乌鸡。乌鸡到处叫唤奔跑，踢翻了桌子上的杯盘，刚刚才赶走，一会儿又飞跳过来，踩脏了床席。没有办法，杜甫只有叫大儿子宗文把路隔断，又在墙东的空地上，竖立栅栏，栅栏中放置竹笼，把大小乌鸡分开。

那年夏天，一直不下雨，夔州炎热无比，当地的老百姓击鼓焚山求雨。根据当地风俗，干旱不下雨时，民众击鼓烧山，使蛟龙害怕，上天便会普降雷雨。但山火烧了一个多月，漫山遍野烟焰腾腾，夜晚火光冲天，却仍然不下雨。农业生产受到了严重影响，蔬菜价格奇高。

杜甫家的饭桌上已经不见有蔬菜了，杜甫只好带着孩子和仆人到林中摘苍耳。苍耳是山野中的一种野生植物，白花细茎宽叶，茎叶煮熟后可以食用，还有治疗风湿痹痛的功效。杜甫让家人把采来的苍耳剥毛洗净煮熟，和瓜、韭一起食用。

在吃苍耳的时候，杜甫想到，在这战乱的年头，官府一味横征暴敛，弄得老百姓连糠皮都吃不上。杜甫愤怒地说："饱食复何心，荒哉膏粱客！富家厨肉臭，战地骸骨白。"（《驱竖子摘苍耳》）

秋天多雨的时候，杜甫在房前的空地上，用锄头挖出一两席大的地，整土成畦，播撒上莴苣种子。但过了二十多天，莴苣没有发芽破土，却长满了野苋菜，甚至路上也长出了野苋菜。

杜甫的生活过得琐碎而充实，这些生活琐事都被杜甫写

到了诗中，这些诗充满了生活气息。杜甫对生活始终充满了热情，任何事物都可以成为他的诗歌题材。

三峡一带雄奇的自然环境、老百姓的艰苦生活和独特的风俗，都引起了杜甫的注意。

他在诗中描写道：夔州城东隔江相望的赤甲、白盐两座山，都高耸入云，集聚的民居环山分布，一直到山顶。枫林红，橘叶青，相互交错在一块儿。民居之间上下曲折的道路，重重叠叠的楼房，像悬挂在山上。运输蜀麻和吴盐的高大商船，在江中来往行驶。船上的舵手和船夫在放声歌唱，尽管白浪滔天，他们却若无其事，有时还在船板上赌钱。

这里的季节和风光更是变化多端，下雨的时候，"白帝城中云出门，白帝城下雨翻盆。高江急峡雷霆斗，翠木苍藤日月昏。"（《白帝》）雨后，三峡风光又是另一番景象："落落出岫云，浑浑倚天石。"（《雨二首》）"江虹明远饮，峡雨落余飞。"（《晚晴》）晴天、阴天、天旱、酷热、日出、落照、月夜，春夏秋冬，四季变化，三峡各种各样的景象，都被杜甫写进了诗中。杜甫还写了瞿塘峡的奇险："峡险通舟过，江长注海奔。"（《奉汉中王手札》）"三峡传何处？双崖壮此门。入天犹石色，穿水忽云根。"（《瞿塘两崖》）有时候，杜甫把自然山水也看成是有生命的："乱波纷纷已打岸，弱云狼藉不禁风。"（《江雨有怀郑典设》）古往今来，不少诗人到过三峡，写过三峡，但没有哪一位能像杜甫那样写得这么多这么好，能从各个角度写遍三峡的山山水水、雨雾云雷、花草树木、鸟兽虫鱼。

杜甫还注意到，在艰难的生活环境中，夔州特有的民情

风俗。这里的不少妇女，到了头发花白、四五十岁的年龄还不嫁人。

她们每天到山中砍柴，背到街上去卖，有时还要帮人背负从盐井中采出的盐。她们头上插着野花山叶，穿着单薄的衣裳，每天在崎岖的山路上奔忙，养活全家，交纳租税。这里的大多数男子，更是不顾安危，在江中驾船为生，有点钱的人驾大船，贫穷的人靠驾小船赚点小钱，应付生活。这些船夫小时候只读过一点书，稍微长大一点就跟着商船走南闯北。他们熟悉水性，有操舟驾船的熟练经验，能在波涛翻滚的长江中大胆航行。

夔州的自然风光和风俗人情激发了杜甫不尽的创作灵感，那些长满了青苔的历史遗迹，使杜甫对社会、历史、人生有了更深的领会。

白帝城是夔州著名的古迹，是西汉东汉交替时期的公孙述修建的。当时，公孙述割据一方，自称白帝。杜甫一到夔州，就登上了白帝城，其后，又多次登临。他感到，"江城含变态，一上一回新。"（《上白帝城二首》）对着夕阳大江、朝雨孤云、荒阶蔓草、残栈朽柱、鸟鸣花开，他想到了公孙述，想到了曾经到过这里的隋朝越国公杨素，这些都是历史上赫赫有名的人物，但在流水般的历史变化中，这些人现在又在哪里呢！而江山依旧，人类长存，"山归万古春"，"孤云自往来"，"谷鸟鸣还过，林花落又开。"（《上白帝城二首》）再英雄了得，凭恃天险，如果不体恤民情，不修身明德，就是违背天意，就会被历史的洪流冲刷得无影无踪。

杜甫对历史的认识是相当高远而深刻的，历史对于他来说，不仅仅是名胜古迹和人物兴衰、王朝更迭，更是同整个人类的精神提升、文明进步和现实社会的发展息息相关。

因此登上白帝城，杜甫眼前浮现出了万国戎马、满地干戈、哀哀孤寡、恸哭秋原的人间惨象时，他心中充满了对国家、民族乃至人类未来的深重的忧虑，不禁在白帝城最高楼上泪流满面。

杜甫又凭吊了夔州的武侯庙、八阵图、先主庙。公元222年，刘备被东吴大将陆逊击败，奔逃到白帝城，把临时住的地方改为永安宫。不久，刘备死在永安宫。

临死前，他将儿子刘禅和整个蜀汉政权托付给诸葛亮。八阵图在永安宫南一里的沙滩上，用细石堆聚摆布而成，据说是诸葛亮用来推演兵法的。相传，陆逊追击刘备，因好奇而进入八阵图，结果被困在其中，无法出去，后来被诸葛亮的岳父救出。

这些古迹，都与杜甫十分敬仰的刘备和诸葛亮有关，游览这些古迹后，杜甫写了《武侯庙》《八阵图》《谒先主庙》《诸葛庙》《古柏行》等诗歌，后来写的《咏怀古迹五首》中有两首，《夔州十绝句》中有一首，也写到了刘备和诸葛亮。《八阵图》是一首小诗，却十分著名：

功盖三分国，名成八阵图。

江流石不转，遗恨失吞吴。

杜甫用短短的二十个字，概括了诸葛亮一生的历史功绩和遗恨，几百年来在江水长年冲击下永不转动的石阵，象征着诸葛亮功业永存；不息长流的江水，饱含了未能实现统一

大业的缺憾。

不久，杜甫又写下《咏怀古迹五首》。这五首诗都是七律，每一首咏怀一个历史人物，但这些历史人物不一定都和夔州有关。除刘备、诸葛亮外，宋玉和王昭君虽然不是夔州人，但过瞿塘峡，顺江而下，出巫峡，就可以到达两人的故乡秭归（今湖北省秭归），算得上与夔州有关。可是，秭归离夔州毕竟还远。《咏怀古迹五首》中第一首写到的庾信，那就和夔州更没有关系了。

可见，杜甫并不在乎夔州有没有相关的古迹，重要的是这些历史人物的遭遇能引起自己的共鸣，能在心灵上相互沟通。或者说，杜甫主要是通过这些历史人物来表达自己对历史和人生的看法。所谓的古迹，不一定存在于夔州，而是存在于杜甫的心中，存在于他的历史意识中。

因此，杜甫写宋玉，"摇落深知宋玉悲"，"怅望千秋一洒泪，萧条异代不同时。"虽然生不同时，相隔千年，但一样的落寞萧然，心灵相通，因而深知宋玉的悲凉。

写王昭君，也主要着眼于对她遭遇的同情。王昭君自恃貌美，不肯贿赂画工，因此被画工丑化形象，最后被汉元帝遣嫁异域，落得"独留青冢向黄昏"的悲惨结局。杜甫自己才高气傲，抱负远大，却不为世用，年老漂泊他乡，这种遭遇不正是和王昭君很相似吗？他写刘备，重在赞颂他对诸葛亮的信任，做到君臣一体。写诸葛亮，他说"诸葛亮大名垂宇宙"，是"万古云霄一羽毛"，把诸葛亮比喻为万古云霄中高高飞翔的一只凤凰。写庾信一诗，可以说杜甫完全是在写自己。

自安史之乱以来，杜甫一直漂泊流离，最后不得不滞留在偏远的三峡地区，这和庾信晚年的遭遇很相似。

公元766年（大历元年）秋天，杜甫一家搬到西阁居住。住房建在山坡上，向下能看到江上的云雾在飘浮伸展，对岸苍青色的石壁矗立在晴空中。

到西阁不久，杜甫写了《秋兴八首》。夔州三峡悲凉肃杀的秋景，引发了杜甫漂泊落魄之感和故国之思，以及人世盛衰无常之悲。第一首写道：

玉露凋伤枫树林，巫山巫峡气萧森。

江间波浪兼天涌，塞上风云接地阴。

丛菊两开他日泪，孤舟一系故园心。

寒衣处处催刀尺，白帝城高急暮砧。

作者凭高望远，看到秋天的白露使草木衰败，连那枫树的红叶也开始凋零了，长江两岸的山崖一片萧瑟阴森。江中的波浪像连着天一样，汹涌澎湃，上下翻腾。边塞的风云从远方弥漫而来，整个大地都是阴沉沉的。

在这里已经看到一丛丛菊花开过两次了，作者再次淌下了往日流过的泪。孤舟在夔州停泊，船缆系在崖边的时候，也就把思念故乡的心系得更紧了。在这白帝城的高处，到处听到妇女急匆匆的捣衣的声音，她们都在为远方征戍的亲人赶制寒衣吧！全诗的整个内容和笔调都是沉重抑郁的，悲秋和思念故园的感情表现得相当充分，也表明了杜甫对时局动荡、战乱不止的忧虑。

诗中的波浪、风云、丛菊、孤舟、捣衣声既是作者在夔州的见闻，同时又是一些具有复杂情感和寓意的意象，能够

很好地表现作者深沉的感慨，也为读者阅读欣赏提供了十分广阔的想象空间。

《秋兴八首》和夔州的一些七律诗水平都较高。唐代初期，很少有人写七律，到了盛唐时期，情况有了变化，七律的作者和数量有了增加，但仍然不是主要的诗体。

王维、孟浩然、王昌龄、李白、高适、岑参、储光羲、李颀、崔颢等重要诗人的七律，在他们的诗集中占的比例很小，艺术上也不成熟。而杜甫一个人的七律诗就写了151首，是这些同代诗人七律总和的两倍多，而且写出了《秋兴八首》、《咏怀古迹五首》、《诸将五首》、《登高》等一批杰出的七律作品。

杜甫的七律诗的创作主要是在到了成都以后，特别是夔州时期。

经过杜甫的开拓，七律逐渐成了诗歌创作的主要形式之一。杜甫到了夔州这个偏僻的地方以后，似乎与那个他时时关注的纷乱喧嚣的世界隔绝了，很难及时知道外面的时局消息。在这里生活也比较平静，似乎不再为吃饭问题发愁。

奔波了几十年，经历了各种各样的苦难，随着年龄越来越老，身体越来越虚弱。

杜甫觉得现在有时间、也有必要对自己的人生有个思考和总结了。杜甫常常拄着拐杖，望着滚滚东去的长江、莽莽苍苍的群山万壑，静静地回忆自己几十年来的经历，回忆对自己心灵和创作有过重要影响的人物，写成一篇篇的诗歌。诗人在这类诗中关注内心，关注对社会人生的思考，也总结了自己的人生。

他写的《壮游》、《昔游》和《遣怀》三首长诗，连接起来，基本上就是杜甫前半生的自传，记叙了他的身世，少年时代的学习，青年时代的漫游，滞留长安，经历安史之乱，漂泊巴蜀以及与李白、高适、苏源明、郑虔、岑参等朋友的交往。

杜甫的《八哀诗》由八首长诗组成，每首怀念一位已去世的故人。王思礼、李光弼是在平息安史之乱中立下战功的著名将领，杜甫赞颂了他们的功绩，也为他们最后未能发挥更大作用而惋惜。第三首写严武，说"公来雪山重，公去雪山轻"，写了自己和严武的友谊，哀悼他的离世。第四、第五首写汝阳王李琎和诗人、书法家李邕，这两人都赏识并帮助过杜甫。第六、第七首写了他最好的朋友苏源明和郑虔，杜甫此前就说过："故旧谁怜我，平生郑与苏。"最后一首写的是唐玄宗时期的名相张九龄，杜甫对他的人格和功业十分仰慕，对他被李林甫谗害的遭遇深为愤慨。

在《解闷十二首》《存殁口号》等诗中，杜甫还评价和回忆了孟浩然、王维、薛据、孟云卿、毕曜、席谦、曹霸等人的创作活动。

大历二年（公元767年）春天，杜甫一家从西阁搬到夔州城北30里的赤甲居住。三月，又迁到相隔不远的瀼西。他们住的是一栋草屋，背后是一片树林，上去是一座山冈，满是乱石青杉。草屋旁有一片果林，约40亩大，是杜甫新购置的，园中主要种有柑橘，也有梨、板栗。

杜甫一家在果园旁开辟了几亩菜地，深耕细作，种上各种蔬菜。夔州都督柏茂琳还让杜甫主管东屯的一片公田。

东屯公田在长江北岸，较为平展，是水稻高产田。到瀼西以后，杜甫一家过上了温饱的日子，这是几十年从未有过的。三月底，三弟杜观从长安经江陵到夔州看望杜甫，兄弟俩久别重逢，真是又喜又悲，感慨万千。后来杜观告别兄长回长安去，约定来年在江陵会面。

一天，夔州都督柏茂琳邀请杜甫进城赴宴会。杜甫骑马醉归，忘记了自己已经是个56岁的衰病老头，少年时候轻裘狂马、驰骋射猎的兴头一时涌起，不禁放马奔跑，从城门跑下瞿塘，从坡上向下直冲八千尺，路旁的白垩粉墙如电闪而过，江村野屋直向眼中奔来。

他兴致越来越浓，干脆把马鞭垂在手中，不提缰绳，纵马狂奔。他感到很得意，心中说：别看我头发白，当年我骑马射箭，能让万人惊骇呢！哪知道马跑得太快，马蹄一滑，一下把他从马上摔下来。他摔伤了，在家卧床养伤。

朋友们来看望他，他拄着拐杖，由童仆挽扶，又和大家一起到溪水边开怀痛饮。诗人觉得这是多么痛快的事啊，他尽管老了，但心中还有热血，还有青春活力，还可以不断写出惊人的诗篇。

诗人想登上屋后的山，但到了山脚就无力再往上攀登了，只好爬上一块岩石眺望，这使他想起青年时登上泰山，站在日观峰观望日出的情景，那时国家是多么强大，现在变得如此的衰败，杜甫不禁老泪纵横。由于长时期患肺病，他时时咳嗽得全身战抖，像是要把骨头都咳出来一样。

杜甫想到，自己这个漂泊他乡的人，恐怕是要死在路旁，而葬不到死去的父亲、祖父身边了。

秋天，水稻成熟的时候，为了稻谷收获管理的方便，杜甫一家又搬到了东屯，住在一栋草屋中。

这里距白帝城五里左右，稻田水畦，延袤百顷，前带清溪，后枕重冈，树木青葱，气象深秀。

杜甫搬到东屯居住的时候，曾把瀼西草堂借给远亲吴郎居住。瀼西草堂有位邻居，是个无依无靠的孤苦老妇人。堂前枣树果实成熟时，杜甫总是让她到院中打枣，任意取走。但吴郎住进瀼西草堂后，安上篱笆，防止老妇过来打枣。

因此，杜甫写了一首《又呈吴郎》，以诗代信，劝吴郎不要阻止老妇人打枣。九月九日重阳这一天，杜甫登高望远，吟诵了一首苍劲悲凉的诗——《登高》。

在重阳登高后不久，杜甫痛苦地发现自己的左耳聋了，右耳听力也大大减弱，不久前他还听得见落木萧萧，现在看到黄叶落地，却听不见秋风声了。

他的眼睛也变得昏暗不明，牙齿大约已有一半掉落。加上疾病缠身，他的手发抖，连字也写不成。这些病痛和由此带来的精神痛苦，加上自己的怀才不遇，报国无门，万里漂泊，故乡难回，亲人难会，朋友殁亡，以及国家动荡，战乱不已，人民遭难，民族危亡，道义沦丧……所有的这些痛苦悲哀都压在了杜甫身上。

所有这些痛苦，在杜甫心中发酵，通过自己的想象和创造，变成了一首首有生命的诗，成为人类精神永恒的留存。耳朵聋了，眼睛花了，牙齿落了，手臂废了，身子麻痹了，但只要心脏还在跳动，杜甫的诗就会如泉涌出。

在发现耳聋后不几天，杜甫在夔州别驾元持的家中，观

看了临颍李十二娘的剑器舞。李十二娘是公孙大娘的弟子，杜甫在幼年时曾观看过公孙大娘的舞蹈。

此番看到李十二娘的舞蹈，五十多年前的情景又鲜明地浮现在杜甫的脑海里，依然使杜甫惊心动魄，豪情激荡，很快写出了像"壮士轩昂赴敌场"一样，充满激情和力量的诗篇《观公孙大娘弟子舞剑器行》。

杜甫离开成都，本来是要去荆楚一带的。在夔州，杜甫身体状况越来越差，担心会死在这里。

夔州处处能见到蛇，令人讨厌，饭里又有沙石，也让人难受。诗人薛据和孟云卿住在荆州，郑虔的弟弟郑审、杜甫的从弟杜位也在那一带。三弟杜观已经带着妻子从蓝田（今陕西蓝田）到了当阳（今湖北当阳），他曾经和杜甫约好一起在江陵定居。杜观到当阳后，多次来信催促。

这样，公元768年（大历三年）初，杜甫下决心，"正月中旬，定出三峡"。杜甫离开夔州之前，把瀼西的40亩果园无偿赠送给了南卿兄。40亩果园的价值不是一个小数目，南卿兄是他才结交的朋友，但意气相投，杜甫就毫不顾恋地赠送了果园，可以说这和李白"千金散尽还复来"的洒脱，具有同样的胸怀和气魄。

## ❋ 湘楚流离 ❋

公元768年（大历三年）春天，杜甫一家离开夔州，出瞿塘峡，顺江东下江陵。

三月的一个雨天，杜甫一家到了江陵。江陵地理位置重要，沿江东下可到吴越，西可到巴蜀，北上可到襄阳、洛阳、长安，南下可到潭州（今湖南长沙）、桂林、广州，这里人口稠密，商业繁荣。

一到江陵，杜甫就投奔时任江陵行军司马的从弟杜位。安置了家人后，杜甫就在江陵拜会郑审、李之芳、徐司录、胡侍御等熟人，熟人们一个个与他见了面，请他赴宴。

杜甫想从熟人那里得到帮助，或者谋求一个差事，但没有什么结果。他身体多病，不善逢迎；耳朵又聋，与人对话，必须要写在纸上，这样的衰老头恐怕很难找到差事了。熟人们也逐渐变得冷淡起来。

杜甫一下子又陷入了困境之中。杜甫拄着拐杖拜访熟人，守门人不让进去，想乘轿子，又没有钱去雇用。

杜甫到江陵，本来是受弟弟杜观催促，要到这里会合。可是杜观并没有到江陵来，似乎两人从此就不再有联系。

杜甫的儿子屡次写信，说生活困苦，连糠菜粥都吃不上了。杜甫也无可奈何地说："我行何到此，物理直难齐。"（《水宿遣兴奉呈群公》）

他在《秋日荆南述怀三十韵》这首长诗中，写到了他的困窘：

苦摇求食尾，常曝报恩腮。

结舌防谗柄，探肠有祸胎。

苍茫步兵哭，辗转仲宣哀。

饥藉家家米，愁征处处悲。

休为贫士叹，任受众人咍。

除了可悲的乞求、赔笑、接待、饥饿、愁苦外，似乎还有人对杜甫进行了恶毒的中伤。杜甫大有英雄末路的感慨，于是他想起了阮籍和王粲。这种状况，使杜甫无法继续在江陵待下去。

到了秋末，杜甫移居到江陵以南的公安县（今湖北公安）。途中，他写了《江汉》一诗：

江汉思归客，乾坤一腐儒。

片云天共远，永夜月同孤。

落日心犹壮，秋风病欲苏。

古来存老马，不必取长途。

杜甫在诗中写道：身处江汉，却时时想归故乡；乾坤如此广阔，一个腐儒却无法容身。像片云一般在天空飘荡，又像长夜的月亮一样孤独无依。自己已到暮年，但仍然有壮心，秋风一吹，病反倒要好了；虽然年老体衰，但老马识途，还可以有所作为。杜甫虽在困境，但是并不悲观失望，反而有一股英雄暮年的悲壮之气。

杜甫在公安住了几个月，但这里"狐狸何足道，豺虎正纵横"（《久客》），盗贼出没，连官吏都被杀害。他决定到衡州（今湖南衡阳）找青年时候的朋友韦之晋，此时自己的舅父崔玮也在那一带做官。

年底的时候，杜甫到了岳阳，登上著名的岳阳楼，举目远望，浮想联翩，写下了《登岳阳楼》：

昔闻洞庭水，今上岳阳楼。

吴楚东南坼，乾坤日夜浮。

亲朋无一字，老病有孤舟。

戎马关山北，凭轩涕泗流。

"吴楚""乾坤"两句写了洞庭湖的壮阔浩渺，像是要把吴楚大地裂开成两半，整个宇宙好像日日夜夜都在湖面上浮动。

这两句是描写洞庭湖的名句，只有孟浩然同样写洞庭湖的诗句"气蒸云梦泽，波撼岳阳城"可以与之媲美。

后两句说亲朋没有书信，北方还有战乱，自己在兵荒马乱中孤独飘零。全诗不仅写了洞庭湖的雄壮，而且把所望的地域推到数千里外的关山之北，观照着整个中国的南方与北方；同时把自然与社会、个人命运融合在一起，境界阔远，又含有强烈的感情力量。

一个年老的病人，竟然写出这样撼动灵魂的诗，实在令人叹服。

# ❋ 最后一个清明 ❋

杜甫生命最后的岁月，都是漂泊辗转于湘江，并留下了许多宝贵的诗篇。有意思的是，他所度过的最后两个清明节，都在长沙，且都有诗。

那些诗鲜明而生动地记录着长沙当时的清明，一千多年后，再读到那些诗篇，一个十分真实的古长沙活生生地再现在我们眼前，让人感觉那样的奇妙而亲切。

大历四年春，杜甫乘着一叶扁舟凄惶地漂过洞庭，漂入湘江，漂到长沙。那年二月二十四清明，杜甫正在长沙，他

写下《清明二首》。那天定然是一个晴朗的日子，清晨的湘江到处都飘散着清新的炊烟，晨光中江波潋滟，渔舟也像蒙上了鲜洁的金光。陌生的长沙在诗人的眼里有几分新奇，使得他抑郁已久的心情也顿然开朗。一只美丽的水鸟含花掠过船帆，引领诗人的目光投向江岸。江岸上一派市井繁忙的气象：快乐的孩童跨着青竹竿当马，正玩得高兴；一些穿着异样的孩子在那里走来走去，定是从苗家或瑶家来的人；姑娘们扭动着细细的腰肢，婀娜可爱，好一幅楚地独有的风景。未经战乱的长沙，真是"秦城楼阁烟花里，汉主山河锦绣中"，一派升平，令饱经苦难的杜甫生出许多的感慨和对这座新鲜城市的兴趣：那久已向往的定王台到哪里去寻访呢？长沙太傅贾谊亲手挖的那口井定然还是原来的样子吧……然而，诗人很快便从短暂的兴奋中回到现实中来，不要忘了自己可是"漂泊之身"，耳已半聋，臂又枯残，一家老小衣食无着，而国事竟仍是这样的糟糕，真不知前路在哪里。诗人不由得低下头来，默默系缆，寂寂落泪，来长沙的第一个清明，就在由兴奋到黯然的感慨万千中度过。

生活的窘迫使得杜甫不敢在长沙久留，清明过后不久，他就带着家人继续向衡阳漂去，那里有他的好友、衡州刺史韦之晋。可诗人命运注定多舛，正像杜甫自己说的，"文章憎命达，魑魅喜人过"，这句子真成了他坎坷一生的谶（chèn）语。

他们一家好不容易到了衡阳，韦之晋却又被朝廷任命为湖南都团练观察使兼潭州刺史，被调往了长沙。

杜甫在衡阳逗留数日，又匆匆赶回长沙，可韦刺史到长

沙几个月竟去世了，把朋友杜甫孤零零丢在了这个世界上，让他尝尽了冷眼冷饭冷板凳的滋味。在这样的折腾中，杜甫在长沙迎来了第二个清明节。

唐朝时，清明游岳麓山是长沙人喜爱的活动。大历五年三月初三清明这一天，杜甫目睹了长沙这一热闹的场景，并以《清明》作题，记下了长沙人游玩岳麓山的过程。

这一天，人们简直是倾城而出，湘江码头上挤满了要过江游玩的大人和小孩。姑娘们打扮得花团锦簇，将明媚的春日衬映得更加鲜艳，那些有钱人家的阔少、老爷，骑着高头大马，一路争道吆喝，好不神气。

在游客中，杜甫竟然还看到了军营中的将士，也嘻哈懒散地去游玩。这就引起了诗人的不满和警觉。长沙虽然暂时安静，但中国大地上却是兵荒马乱呀，做军人的哪能如此松懈！但游玩的人们兴致正浓，有谁会把这位垂垂老矣的诗人的议论当回事呢。

可是，就在诗人发出谴责的一个多月之后，长沙城发生了兵马使臧玠的叛乱，一夜之间把人们逸乐的日子搅得稀乱，包括湖南都团练使、长沙刺史崔瓘在内的许多人由此送了命，教训是够惨痛的。

今天再读此诗，仍为他的忧国之情和敏锐的观察力所感动，杜甫不仅把一千多年前清明节的景象留给了今天，也给后世留下了真诚的警示。这该是长沙人不要忘了诗人的理由，尤其是在"著处繁华"的清明时节。

大历五年（公元770年）的落花时节，杜甫在潭州遇到了李龟年。李龟年是唐玄宗开元年间著名的歌唱家，受到唐玄宗的赏识，红极一时。

当年，李龟年经常出入王公贵族的府第，在唐玄宗的弟弟岐王府中和秘书监崔涤的家里，经常可以看到李龟年的表演。杜甫就是在两人的府第中听过李龟年唱歌。

李龟年当年有许多财富，在都城大兴土木，修建豪华住宅，十分气派宏伟。安史之乱后，李龟年流落到潭州一带，遇到良辰美景，就为人唱歌，歌词是王维的诗"清风明月苦相思"，酒席上听到的人都潜然落泪，不再喝酒。

现在，杜甫和李龟年都已衰老，不复当年。杜甫不胜悲慨，写了《江南逢李龟年》一诗：

岐王宅里寻常见，崔九堂前几度闻。

正是江南好风景，落花时节又逢君。

诗句非常简单明了，昔盛今衰，繁华盛事终究如落花飘零，深深的悲慨自在言外。

大历五年（公元770年）四月的一个深夜，潭州兵马使臧玠以向刺史崔瓘借军饷为由，起兵作乱。

那时，杜甫的舅父崔玮任郴州录事参军，杜甫想投奔他，一家人就乘船沿耒水而上，驶向郴州。

到了耒阳（今湖南耒阳）境内，遇到大洪水，只好停泊在离耒阳县城40里的方田驿。但洪水一直未退，乘坐的船被困，杜甫一家人五六天没有吃东西。

耒阳县令知道诗人受困的消息后，立即派人送信慰问杜甫，并且送来了足够的食物，有肉有酒。

杜甫很感激，写了一首诗，准备献给耒阳县令。水势仍然不退，看来无法往前走了，杜甫只得改变计划，掉转船

头，朝衡州方向往回走。过了几日，洪水退后，好心的耒阳县令派人寻找杜甫，却再也找不到了。县令以为杜甫已被洪水淹死，就在耒阳城北二里筑了一座空坟，以纪念这个苦命的诗人。

杜甫的船从耒阳回头走的时候已经是盛夏，天气毒热，如在蒸笼。秋天，杜甫一家再一次到了潭州。在这里休整了几天后，又告别亲友，启程顺湘江而下，计划先到汉阳、襄阳，再回洛阳、长安。但是杜甫日夜向往的长安似乎只能永远留在他的记忆和期盼中了，长时期的贫穷、疾病、漂泊奔波、忧愁、痛苦的损伤消磨，使杜甫的生命孤舟已经不可能再回到长安了。

暮秋离开潭州后，杜甫一家人一直乘舟在湘江上漂流。很快到了冬天，杜甫的风痹病明显严重起来，已经不能站立，只能倒卧船上。但他仍然坚持着，用颤抖的手，伏枕书写，完成了他生命中的最后一首诗《风疾舟中，伏枕书怀三十六韵，奉呈湖南亲友》。

诗中写了阴惨惨的天气、两岸的风光、独特的风俗，虽然情调凄惨，但仍然可以看出杜甫保持了对外界事物的关注和热情。诗中用大量篇幅，使用一个又一个的历史典故，对自己一生的追求抱负、事业成就、仕途坎坷、艰难困苦都作了回忆和评价。他说："朗鉴存愚直，皇天实照临。"自己一生执著忠诚，光明磊落，日月可照，皇天可鉴。他至死都忘不了动荡不止的国家和血泪依旧、多灾多难的人民："书信中原阔，干戈北斗深。""战血流依旧，军声动至今。"

诗中还说，自己的病越来越重，服药简直像服毒一样，吃过之后就大汗涔涔。杜甫知道，自己将要死去，但他将会走得很从容，像葛洪一样，把死亡当做一次远行。

死后，自己一生的追求，将会成为永恒的生命存在，就像那与日逐走的夸父，死后连拐杖都会变成一片桃林。杜甫是这样的激情涌动，又是这样的理智从容，在生命结束的时候，还留下了这样一首包举万象、烛照深微的长诗。

这是杜甫的最后一首诗。不久，杜甫在漂流湘江的那条小船上睡着了，再也没有醒来。

那是大历五年（公元770年）的一个冬天，湘江上空，寒风呼号，阴云徘徊。

杜甫的一生是悲惨的，他经历了无数的艰难与痛苦，理想和抱负无法实现，政治挫折、逃亡、贫穷、饥饿、疾病、儿女夭折、兄弟离散，所有这些都使杜甫的肉体和精神长期受到煎熬和磨难。

使他感到更为痛苦的是，他所热爱的黎民百姓，在黑暗和水深火热之中苦苦挣扎，遭受无尽的苦难；他所热爱的国家民族，在腐败政治和连年战乱的摧残下，越来越衰落沉沦。

## ❋ 杜甫的诗歌 ❋

杜甫一生写了上万首诗歌，其主要特色为：

一、杜甫的诗歌风格以沉郁顿挫、慷慨悲凉为主，也有清新俊逸、自然平和、婉转流丽等多样风格。杜甫坎坷困顿的人生遭际和时代由盛而衰的历史背景，以及忧国忧民的思想情怀和个体的人格精神，决定了其诗歌风格的主体格调。而其他风格的出现，则往往是因一时一事的心境和情绪的不同所致。

二、杜甫的诗歌最基本的艺术特征就是高度的现实主义精神。杜诗善于观察现实生活，提取生活中的典型素材，用高度概括的艺术手法反映现实生活的本质。杜诗善于在客观现实生活的描写中透入自己的主观情感与思想倾向，常常是将叙述、描写和议论、抒情融为一体。杜甫的叙事诗还常常运用真实细腻、精确传神的细节描写手段来细致地表现现实生活。

三、杜甫诗歌的语言精工凝练而又丰富多彩。自言"为人性僻耽佳句，语不惊人死不休"（《江上值水如海势聊短述》），杜甫十分注意锤炼字句，增强了诗歌语言的内涵和表现力。杜诗的语言既有精炼苍劲，深刻精警的特点，也有通俗自然、清新流丽等多样化的特征。

四、杜甫的诗歌诸体皆备，而且各体都有名篇，在诗歌体裁的运用上可谓集前人之大成，并以其创作实践推动了诗歌体裁的建设和发展。杜甫的乐府诗"即事名篇，无复依傍"（白居易《乐府古题序》），直接启示了中唐新乐府运动。杜甫运用古诗的形式写出了内容深刻的长篇巨制。杜甫的律诗写得最多，成就也最高，尤其七律在他手中已运用得相当纯熟。

杜甫的经历和诗歌创作可以分为四个时期：

## 一、读书和漫游时期（35岁以前）

所谓"放荡齐赵间，裘马颇清狂"。

开元19年（时20岁）始漫游吴越，5年之后归洛阳应举，不第。再漫游齐赵。以后在洛阳遇李白，二人结下深厚友谊，继而又遇高适，三人同游梁、宋（今开封、商丘）。后来李杜又到齐州，分手后又遇于东鲁，再次分别，就没有机会再见面了。

## 二、困居长安时期（35~44）

这一时期，杜甫先在长安应试，落第。后来向皇帝献赋，向贵人投赠，过着"朝扣富儿门，暮随肥马尘。残杯与冷炙，到处潜悲辛"的生活，最后才得到右卫率府胄曹参军（主要是看守兵甲仗器，库府锁匙）的小官。这期间他写了《兵车行》《丽人行》等批评时政、讽刺权贵的诗篇。而《自京赴奉先县咏怀五百字》尤为著名，标志着他经历十年长安困苦生活后对朝廷政治、社会现实的认识达到了新的高度。

## 三、陷贼和为官时期（45~48）

安史之乱爆发，潼关失守，杜甫把家安置在鄜州，独自去投肃宗，中途为安史叛军俘获，押到长安。他面对混乱的长安，听到官军一再败退的消息，写成《月夜》《春望》《哀江头》《悲陈陶》等诗。后来他潜逃到凤翔行在，做左拾遗。由于忠言直谏，上疏为宰相房琯事被贬华州司功参军（房琯善慷慨陈词，为典型的知识分子，但不切实际，与叛军战，采用春秋阵法，结果大败，肃宗问罪。杜甫始为左拾遗，上疏言房琯无罪，肃宗怒，欲问罪，幸得脱）。其后，他用诗的形式把他的见闻真实地记录下来，成为他不朽的作品，即"三吏"、"三别"。

"三吏"：为《石壕吏》《新安吏》《潼关吏》；"三别"：为《新婚别》《无家别》《垂老别》。

### 四、西南飘泊时期（48~58）

随着九节度官军在相州大败和关辅饥荒，杜甫弃官，携家随人民逃难，经秦州、同谷等地，到了成都，过了一段比较安定的生活。严武入朝，蜀中军阀作乱，他漂流到梓州、阆州。后严武为剑南节度使摄成都，杜甫投往，严武死，他再度四处漂泊，在夔州住两年，继又到湖北、湖南一带，最后病死在湘江上。这时期，其作品有《水槛遣心》《春夜喜雨》《茅屋为秋风所破歌》《病橘》《登楼》《蜀相》《闻官军收河南河北》《又呈吴郎》《登高》《秋兴》《三绝句》《岁晏行》等大量名作。

杜诗最显著的特点是社会现实与个人生活的密切结合，思想内容与艺术形式的完美统一。杜甫的诗歌深刻地反映了唐代安史之乱前后二十多年的社会全貌，生动地记载了他一生所走过的路程，在艺术方面也达到了唐代现实主义诗歌的最高成就。他的诗能使读者"知其人""论其世"，起着"可以兴，可以观，可以群，可以怨"的作用。

杜甫的诗被称为"诗史"。可是作为"诗史"的杜诗并不是客观地叙事、用诗体去写历史，而是在深刻反映现实的同时，还通过独特的风格表达出作者的心情。清人浦起龙说："少陵之诗，一人之性情，而三朝之事会寄焉者也。"（《读杜心解·少陵编年诗目谱附记》）杜甫的诗大部分涉

及玄宗、肃宗、代宗三朝有关政治、经济、军事以及人民生活的重大问题，可是无处不浸透了诗人的真情实感。

例如，杜甫中年时期的两篇杰作，《自京赴奉先县咏怀五百字》和《北征》，里边有抒情，有叙事，有记行，有说理，有对于自然的观察，有对社会矛盾的揭露，有内心的冲突，有政治的抱负和主张，有个人的遭遇和家庭的不幸，有国家与人民的灾难和对于将来的希望。

这两首长诗包括这么多丰富的内容，作者的心情波澜起伏，语言纵横驰骋，说明他在这不幸的时代面对自然和社会的种种现象都敏锐地发生强烈的感应。这样的诗是诗人生活和内心的自述，也是时代和社会的写真，个人的命运和国家、人民的命运息息相关，两者在艺术上也达到高度的融合。又如《同诸公登慈恩寺塔》《哀江头》等诗，篇幅较短，却也同样具有这种特点。

天宝后期以来，杜甫写了大量的时事政治诗，不管是陈述政见，如《洗兵马》，在梓州写的《有感》；或是揭发统治者的荒淫残暴，如《丽人行》《忆昔二首》之一，在云安写的《三绝句》；或是寓言讽兴，如《凤凰台》《病橘》《枯棕》《客从》；或是对穷苦人民的同情关怀，如《茅屋为秋风所破歌》《又呈吴郎》，都是个人的情感与事实相结合的。

还有不少长篇，有的记载国家十几年来的大事，如《夔府书怀》《往在》；有的叙述地方变乱，如《草堂》《入衡州》；有的回忆往事，如《壮游》《遣怀》；更是像浦起龙所说的"慨世还是慨身"（《读杜心解·读杜提纲》），都含有浓厚的抒情成分。

战争题材的诗在杜诗中占有相当大的比例。杜甫对不同性质的战争持不同的态度。他对于朝廷穷兵黩武，消耗人力物力，是反对的，如《兵车行》，在夔州写的《遣怀》《又上后园山脚》；对于平息叛乱，抵御外侮，是支持的，如安史之乱前期写的《观安西兵过赴关中待命二首》《观兵》，以及吐蕃入侵时写的《岁暮》。

这些诗谴责什么，歌颂什么，都很鲜明。也有些关于战争的诗，既有歌颂，也有谴责。

著名的《前出塞》《后出塞》两组组诗，曲折反复地叙述了战士在从军过程中的心情变化，实际上是反映诗人从不同的角度对于战争的不同看法。

这两组诗都歌颂了战场上的壮烈场面，战士如何善于战斗，勇于牺牲，取得胜利；又谴责了君王无止境地开疆拓土，主将骄横奢侈，使战绩失去积极的意义。

这两组诗都是通过一个战士的自白，概括了无数英勇士兵的不幸命运。又如"三吏""三别"则更为具体地表达了作者的内心冲突。杜甫在洛阳路上，看见横暴的差吏把未成丁的男孩、孤苦的老人都强征入伍。他替这些人提出控诉，对差吏给予谴责，但是一想到壮丁缺乏，而又大敌当前，便转变了口气，尽可能对被征调的人说几句慰藉或鼓励的话。杜甫写过许多歌咏自然的诗，他歌咏的对象，往往是既联系自己，也联系时事。历代的诗话、诗评对于杜诗里高度的"情景交融"作过许多论述。但是杜甫的诗不只有高度的情景交融，而且有情、景与时事的交融，作者在写景和抒情

时，很少脱离现实，随时随地都想到他所处的干戈扰攘、国困民疲的时代。如困居沦陷的长安时写的《春望》、入蜀时写的《剑门》，是最有代表性的。这类诗，杜甫越到晚年成就越大，像五律《客亭》《江上》《江汉》，七律《登楼》《宿府》《阁夜》《秋兴八首》等，都是情景与时事交融的脍炙人口的名篇。

此外，杜甫也写了一些歌咏绘画、音乐、建筑、舞蹈、用具和农业生产的诗，同样贯注了作者的感情，具有时代的气氛，可以看做是有声有色的文化史。

杜甫诗集里也有一些诗，时代气氛不浓，个人的感情也较为淡泊，比较突出的是杜甫在成都草堂写的一部分诗。杜甫在长年的转徙流离之后，到了成都，建立草堂，开辟田亩，得到暂时的休息，因此对于花草树木、鸟兽虫鱼的动态进行了细腻的观察，感到无限的热爱，具有深刻的体会。如《屏迹》《为农》《田舍》《徐步》《水槛遣心》《后游》《春夜喜雨》等诗，从诗题上就可以想象出杜甫当时的心境。这类诗当然不能和前边论述的诗篇相比，但也代表了杜甫为人的另一方面，他不只有忧国忧民的深厚感情，也有对于微小生物的爱好。他"幽居近物情"（《屏迹》），喜看"细雨鱼儿出，微风燕子斜"（《水槛遣心》），感到"花柳更无私"（《后游》）。

杜甫写过一些怀念家属、朋友的诗，大都缠绵悱恻，一往情深。怀念妻子的有陷贼时写的《月夜》，怀念弟弟的有在秦州写的《月夜忆舍弟》。在许多怀念朋友的诗中，以怀念李白的最为突出。杜甫自从与李白分手直到晚年，赠李白、忆李白、怀李白、梦李白、寄李白以及其他涉及李白的诗，有十余首之多，几乎首首都显示出对于李白深厚的情谊、热烈的关怀和衷心的钦佩。

杜甫把诗看做是他终生的事业，认为"诗是吾家事"（《宗武生日》）。他7岁学诗，直到死亡前夕，都没有停止过写诗，他从安史之乱起，至抵达成都前，在最艰苦的岁月里，写出的诗歌思想内容最为深刻；他在夔州身体衰弱多病，写作的数量最为众多。他有丰富的生活经验，充满爱国、爱人民的政治热情，在艺术技巧上也很下工夫，"语不惊人死不休"（《江上值水如海势，聊短述》），"新诗改罢长自吟"（《解闷十二首》之七），说明他创作的严肃态度。杜甫还以诗论诗，在《戏为六绝句》和《解闷十二首》（其四至其八）中表达了他继承优良传统、评价古今诗人的主张。杜甫在内容和形式上都大大开拓了诗歌的领域。

明代胡震亨说："以时事入诗，自杜少陵始。"（《唐音癸签》）这句话不尽符合事实，因为在杜甫以前也有以时事入诗的，但是像杜甫这样深入民间，洞察时弊，把富有社会意义的重大问题都融在"惊人"的诗句里，却是少有的。杨伦说："自六朝以来，乐府题率多模拟剽窃，陈陈相因，最为可厌。子美出而独就当时所感触，上悯国难，下痛民穷，随意立题，尽脱去前人窠臼。"（《杜诗镜铨》卷五）这虽然是对"三吏""三别"的评语，但也可以概括杜甫大部分重要的诗篇。元稹给杜甫写的《唐检校工部员外郎杜君墓系铭》里说，"诗人以来，未有如子美者"，这话说得并不过分。

　　杜诗的形式是多种多样的。杜甫最能驾驭诗的各种形式，并能使每种形式都得到新的发展。他在五言古体诗里善于记载艰苦的旅程、社会的万象、人民的生活以及许多富有戏剧性的言谈动作，写来十分生动，使人感到的不是五言的限制，而是语调的自然，最显著的例子是《羌村》《赠卫八处士》、"三吏"、"三别"、《遭田父泥饮美严中丞》等。他在七言古体诗中擅长于抒写他豪放的或沉郁的情感，表达对于政治和社会的意见，如《醉时歌赠郑广文》《洗兵马》《乾元中寓居同谷县作歌七首》《茅屋为秋风所破歌》《岁晏行》等。杜甫的五、七言律诗功力甚深，达到很高的成就，数量占杜诗的一半以上，五律已见于杜甫的漫游时期，七律名篇多产生在成都以后。杜甫深厚的感情在五律中得到凝练，在七律中得到充分地发扬。五律如《春望》《天末怀李白》《后游》《春夜喜雨》《水槛遣心》《客夜》《九日登梓州城》《征夫》《旅夜抒怀》《宿江边阁》《登岳阳楼》，七律如《蜀相》《野老》《恨别》《闻官军收河南河北》《登楼》《宿府》《阁夜》《咏怀古迹五首》《白帝》《诸将五首》《秋兴八首》《登高》等，唐人的律诗很少能超过它们。杜甫还写了许多五言排律，几首七言排律，使排律得到很大的发展，如《秋日夔府咏怀寄郑监李宾客一百韵》竟长达1000字。除少数比较自然的以外（如五排的《奉送严公入朝十韵》《送陵州路使君赴任》，七排的《清明二首》），大都堆砌过多的典故，掩盖了丰富的情感或填补了应酬之作内容的空虚。杜诗中的绝句基本上都是在漂泊西南的最后11年内写的。由于杜甫的古体诗和律诗取得巨大的成就，他的绝句往往不被人注意，但是即景抒情，论诗怀友，反映蜀中的骚乱与人民的生活，吸取民歌的精华，杜甫在绝句方面仍有不少贡献。

当然，杜甫也写过一些投赠权贵、奉和应酬的比较无聊的诗。当他在长安充当贵族的"宾客"，向王公大臣乞求一官半职的时候，当他漂泊西南，为了衣食，不得不与地方官吏们相周旋的时候，所写的一部分诗，其中有好些五言排律，用大量的典故颂扬对方如何贤明，申述自己如何贫困，以乞求怜悯与恩赐，格调是不高的。

总的说来，杜甫是以饥寒之身永怀济世之志，处穷困之境而无厌世思想；在诗歌艺术方面，集古典诗歌之大成，并加以创新和发展，给后代诗人以广泛的影响。

杜甫在世时，他的诗歌并不为时人所重视，逝世40年以后，始见重于韩愈、白居易、元稹等人。白居易、元稹的新乐府运动，在文艺思想方面显然受到杜诗的影响。李商隐近体诗中讽喻时事的名篇，在内容和艺术上都深得杜诗的精髓。

宋代著名诗人如王安石、苏轼、黄庭坚、陆游等，对杜甫都推崇备至，他们的诗歌各自从不同方面继承了杜甫的传统。宋末民族英雄文天祥被元人俘虏，囚居狱中，用杜甫五言诗句集诗200首，在《集杜诗·自序》里说："凡吾意所欲言者，子美先为代言之。"杜诗的影响所及，不局限于文艺范围，更重要的是诗中爱国、爱人民的精神感召着千百年来的广大读者，直到今天还有教育意义。

在杜甫生活的那个年代，人们只是把他当做一个比较优

秀的诗人。在他死后几十年，人们才逐渐认识到他的伟大。杜甫死时，家境十分困难，家人只好把他的灵柩临时安放在岳阳。

43年后，杜甫的孙子杜嗣业才艰难地把杜甫的遗骸运回偃师，安葬在首阳山。杜嗣业路过荆州时，遇到了当时的著名诗人元稹，就请元稹为祖父写一篇墓志铭。

元稹在墓志铭中说，从有诗人以来，还没有人像杜甫这样伟大。中晚唐诗人白居易、韩愈、李商隐等，都把杜甫作为学习的榜样。

到了宋代，王安石、黄庭坚、陆游等诗人都竭力推崇杜甫，认为杜甫是有史以来最伟大的诗人。杜甫不仅诗歌得到了极高的评价，他的伟大人格也得到了赏识，被推崇为"诗圣"，他的诗被认为是"诗史""集大成"。宋代以来，学习和研究杜诗成为风气，历久不衰，一直沿袭到现在。杜甫的影响也逐渐飞越国界，他的诗先后被翻译成数十个国家的文字。1962年，杜甫诞辰一千两百五十周年的时候，世界各地都举行了不同形式的纪念活动，纪念这位伟大的世界文化名人。

杜甫不仅属于中国，也属于世界，属于全人类。杜甫是永恒的，正像宋代诗人陆游在一首写杜甫的诗《游锦屏山谒少陵祠堂》中所说的："古来磨灭知几人，此老至今元不死。"

# ✸后人对杜甫的评价✸

杜甫活了不到60年，其一生经历，几乎浓缩了一个人生命所能经受苦难的极限。34岁之前，他的生活相对安然；之后，除了在蜀中过了几年相对舒心的日子，他的后半生始终处于受苦受难的煎熬中，他是苦难的象征，是坎坷的指代，其吟咏苦难的诸多诗作使他享有"诗圣"的称号，同时也使他成为一个不折不扣迎着苦难而生的诗人。

没人懂得他的悲天悯人的内心世界，没有人理解他忧国忧民的歇斯呼号，也没有人同情他漂泊一生的寂寞心境。

杜甫的诗散佚大半，今存一千四百余首，大都质朴无华。他生前名气不是很大，不如李白。他自己曾说："百年歌自苦，未见有知音。"他写诗苦，推敲字句，安顿典故、讲究格律，常常把自己折腾得痛苦不堪。他的苦吟影响了晚唐贾岛等一大批苦吟诗人。"为人性僻耽佳句，语不惊人死不休"，已成为千百年来文人墨客们尊崇的经典。

杜甫的诗作，当时颇有争论。一些人将他的诗作与李白的诗作进行不恰当的对比，得出可笑的结论，杜不如李。李白是幸运的，因为他曾经在皇帝身边做过事，名气很大，他的诗浪漫夸张，读来令人兴奋，很适合唐代那些好大喜功官僚们的口味。而杜甫的诗冷僻、生硬、苦涩，充满苦难感和火药味，读来让人压抑，让那些喜欢粉饰太平的官吏反感，因而一度时期受人冷落。直到唐宋八大家之首的韩愈站出来，将李白、杜甫捧为唐代诗坛大家，争

论才得以逐渐平息。韩愈以充满教训的口吻直斥当世的反对者和贬杜派们：

李杜文章在，光焰万丈长。

不知群儿愚，哪用故谤伤？

蚍蜉撼大树，可笑不自量。

近半个世纪后，受杜甫诗作影响极深的中唐大诗人白居易动情地为杜甫颂扬道："天意君须会，人间要好诗。"感谢苦难磨砺了杜甫，感谢杜甫领会了天意，终于为人间留下了好诗！纵观中国文史学，写人世沧桑、写离合悲欢，写生离死别，写国破家亡，大概没有比杜甫的诗更真切感人的了。人生许多经典情态，世间几多艰难苦恨，杜诗都有经典描绘，堪称是一部描写人间苦难的大百科全书。

陶渊明、杜子美，两个中国诗坛的顶尖高手，一个遭冷落几百年，一个遭冷遇几十年，可他们的诗名和诗作还是流传了下来，别尽权力、时尚等附加成分，好诗得以凸显身价。这是中国文化的福气，更是巴蜀文化的幸运。

杜甫写"羌村"，写"三吏"、"三别"，压根不曾考虑过皇帝的兴趣。杜甫是此时此地的，他是印象、感觉、追忆。称他写实派，不如称他印象派。他笔下的真实画面，逼真到了梦幻的地步，写出来的场景，总是通向更多的场景。所谓凝练，对生活高度概括，已然跨入抽象艺术的领域，杜甫的诗，具象中见抽象，朴拙中见真情。恰如晚唐孟启所说："杜逢安禄之乱，流离陇蜀，毕陈于诗，推见至隐，殆无遗事，故当时号为诗史。"

在我国现代主义诗歌的发展过程中，杜甫无疑是具有继往开来重要地位的人物，他前承屈原、陶渊明，后引中晚唐时期的"新乐府运动"，兼及宋代苏轼、陆游等大诗人。是他把中国现代主义诗歌创作推向了一个新的更高更成熟的阶段。

中唐大诗人白居易、元稹对杜诗作了很高的评价，中唐的"新乐府运动"，正是由杜甫直接发端，在白居易、元稹手中发扬光大的。至于他对宋代诗人的影响，则更是显而易见的。宋代大诗人王安石、欧阳修、苏轼、陆游等都曾广泛汲取杜诗精华。生于蜀中的北宋大诗人苏轼，就是读着杜甫的诗长大的，而南宋大诗人陆游"细雨骑驴入剑门"，在巴蜀生活多年，更是深受杜诗的影响。

从一定意义上讲，杜甫虽然没有生在天府巴蜀，由于他曾寓居蜀中。他一生诗歌创作的最高峰在蜀中，他还为后世留下了"杜甫草堂"这一诗歌文化"圣地"，使巴蜀文化因为他更加光灿夺目，不难想象缺少了杜甫的加盟，巴蜀文化的成就会有今天的光芒。杜甫早已与巴蜀文化结合成一体，成为中国诗歌发展史上的一个重要载体。研究中国诗歌发展史，无法绕过杜甫这个名字，研究巴蜀文化发展史，同样无法不铭记杜甫这个名字。

当然，诗就是诗，史就是史，"诗史"与"史诗"是炯然不同的。我们在研究杜甫时，绝不可以其诗为史，亦不可以其史示诗。实现中华民族伟大复兴必然伴随着文化的复兴，通过对杜甫"诗史"的研究，对发展和谐文化，弘扬巴蜀文化，顺应时代潮流，当是大有教益和裨益的。

## 代表名句

纨绔不饿死，儒冠多误身。《奉赠韦左丞丈二十二韵》

读书破万卷，下笔如有神。《奉赠韦左丞丈二十二韵》

致君尧舜上，再使风俗淳。《奉赠韦左丞丈二十二韵》

清新庾开府，俊逸鲍参军。《春日忆李白》

边亭流血成海水，武皇开边意未已。《兵车行》

生女犹得嫁比邻，生男埋没随百草！《兵车行》

朱门酒肉臭，路有冻死骨。《自京赴奉先县咏怀五百字》

感时花溅泪，恨别鸟惊心。《春望》

烽火连三月，家书抵万金。《春望》

正是江南好风景，落花时节又逢君。《江南逢李龟年》

昔闻洞庭湖，今上岳阳楼。吴楚东南坼，乾坤日夜浮。

《登岳阳楼》

娟娟戏蝶过闲幔，片片轻鸥下急湍。《小寒食舟中作》

无边落木萧萧下，不尽长江滚滚来。《登高》

五更鼓角声悲壮，三峡星河影动摇。《阁夜》

一去紫台连朔漠，独留青冢向黄昏。《咏怀古迹五首》

画图省识春风面，环佩空归月夜魂。《咏怀古迹五首》

丛菊两开他日泪，孤舟一系故园心。《秋兴八首》

星垂平野阔，月涌大江流。《旅夜书怀》

丹青不知老将至，富贵于我如浮云。《丹青引赠曹将军霸》

两个黄鹂鸣翠柳，一行白鹭上青天。《绝句四首》（其

三）

迟日江山丽，春风花草香。《绝句二首》（其一）

新松恨不高千尺，恶竹应须斩万竿。《将赴成都草堂途

中有作先寄严郑公五首》（其四）

白日放歌须纵酒，青春作伴好还乡。《闻官军收河南河北》

尔曹身与名俱灭，不废江河万古流。《戏为六绝句》

留连戏蝶时时舞，自在娇莺恰恰啼。《江畔独步寻花七绝句》（其六）

安得广厦千万间，大庇天下寒士俱欢颜，风雨不动安如山。呜呼！何时眼前突兀见此屋，吾庐独破受冻死亦足！《茅屋为秋风所破歌》

细雨鱼儿出，微风燕子斜。《水槛遣心二首》（其一）

随风潜入夜，润物细无声。《春夜喜雨》

自去自来梁上燕，相亲相近水中鸥。《江村》

会当凌绝顶，一览众山小。《望岳》

**712年**（玄宗先天元年），杜甫生于河南巩县。

**717年**（玄宗开元五年），杜甫6岁。观公孙大娘舞剑。

**718年**（玄宗开元六年），杜甫7岁。始作诗文。

**720年**（玄宗开元八年），杜甫9岁。始习大字。

**725年**（玄宗开元十三年），杜甫14岁。诗文有名。

**726年**（玄宗开元十四年），杜甫15岁。摆脱疾病困扰。

**730年**（玄宗开元十八年），杜甫19岁。游晋，漫游开端。

**731年**（玄宗开元十九年），杜甫20岁。游吴越。

**735年**（玄宗开元二十三年），杜甫24岁。自吴越归东都，举进士，不第。

**736年**（玄宗开元二十四年），杜甫25岁。游齐赵。交苏源明。

**741年**（辛巳玄宗开元二十九年），杜甫30岁。归东都。筑陆浑庄，于寒食日祭远祖当阳君。

**742年**（玄宗天宝元年），杜甫31岁。在东都。姑母去世。

**744年**（玄宗天宝三年），杜甫33岁。在东都。夏，初遇李白于东都。秋，游梁、宋，与李白、高适登吹台、琴台。曾渡河游王屋山，拜访道士华盖君，但其人已亡。

**745年**（玄宗天宝四年），杜甫34岁。再游齐、鲁。秋后至兖州，当时李白避归东鲁。

**747年**（玄宗天宝六年），杜甫36岁。在长安。

**751年**（玄宗天宝十年），杜甫40岁。在长安。进三篇《大礼赋》，玄宗赞赏，命待制集贤院。

**755年**（玄宗天宝十四年），杜甫44岁。在长安。安禄山反。赴奉先探妻子，作《自京赴奉先咏怀五百字》。岁末，幼子夭折。

**756年**（玄宗天宝十五）七月改元，安禄山称大燕皇帝。玄宗奔蜀。杀杨国忠、杨贵妃。杜甫45岁。岁初，在长安。闻肃宗即位灵武，便留下妻儿，孤身前往灵武，途中为叛军所得，遂至长安。

杜甫生平大事年表

**757年**（肃宗至德二年）闰八月，安庆绪杀安禄山。郭子仪收复东都洛阳。史思明等降。杜甫46岁。五月十六日，拜左拾遗。是月，房琯得罪，杜甫为之辩护。肃宗怒，欲治罪，幸得张镐、韦陟等说情。

**759年**（肃宗乾元二年），史思明称燕王。杜甫48岁。春，自东都归华州（陕西华县），途中作"三吏""三别"六首。七月弃官西去，赴秦州（今甘肃天水）。作《梦李白》二首。岁末至成都，寓居浣花溪寺。

**761年**（肃宗上元二年），史朝义杀史思明。杜甫50岁。居草堂。

**763年**（代宗广德元年）（宝应二年）杜甫52岁。正月，在梓州，作《闻官军收河南河北》。安史之乱平息。

**764年**（代宗广德二年），杜甫53岁。春初，至阆州。严武再次任剑南节度使，推荐杜甫为节度参谋，检校工部员外郎。

**765年**（代宗永泰元年）闰十月，杜甫54岁。正月，辞去幕府职务，归浣花溪。四月，严武去世。五月，携家离草堂南下，经嘉州、戎州、渝州、忠州至云安。作《旅夜书怀》。本年正月，高适病逝。

**766年**（代宗大历元年）（永泰二年）杜甫55岁。春，在云安。春末，移居夔州。作《咏怀古迹五首》《秋兴八首》等。

**767年**（代宗大历二年），杜甫56岁。在夔州，数次移居。秋后，左耳聋，多病。作《登高》《观公孙大娘弟子舞剑器行》。

**768年**（代宗大历三年）杜甫57岁。正月，出三峡东下，先后到江陵、公安、岳阳。

**770年**（代宗大历五年），杜甫59岁。病逝于岳阳一小舟中。

杜甫生平大事年表